THE EVERYTHING®

JUMBO

BOOK OF

LARGE-PRINT
WORD SEARCHES

160 easy-to-challenging
puzzles in large print

Charles Timmerman
Founder of Funster.com

Adams Media
New York London Toronto Sydney New Delhi

Adamsmedia

Adams Media
An Imprint of Simon & Schuster, Inc.
100 Technology Center Drive
Stoughton, MA 02072

An Everything® Series Book.
Everything® and everything.com® are registered trademarks of Simon & Schuster, Inc.

First Adams Media trade paperback edition November 2018

ADAMS MEDIA and colophon are trademarks of Simon & Schuster.

For information about special discounts for bulk purchases, please contact Simon & Schuster Special Sales at 1-866-506-1949 or business@simonandschuster.com.

The Simon & Schuster Speakers Bureau can bring authors to your live event. For more information or to book an event contact the Simon & Schuster Speakers Bureau at 1-866-248-3049 or visit our website at www.simonspeakers.com.

Interior design by Heather McKiel

Manufactured in the United States of America

12

ISBN 978-1-5072-0917-2

Contains material adapted from the following titles published by Adams Media, an Imprint of Simon & Schuster, Inc.: *The Everything® Large-Print Word Search Book, Volume II* by Charles Timmerman, copyright © 2011, ISBN 978-1-4405-1025-0 and *The Everything® Large-Print Word Search Book, Volume III* by Charles Timmerman, copyright © 2011, ISBN 978-1-4405-2737-1.

Contents

Puzzles

ALLIUM

ARRANGEMENT

COLORS

COLUMBINE

DAFFODIL

DAISY

EDELWEISS

GARDENIA

GOLDENROD

JESSAMINE

MIMOSA

NARCISSUS

NECTAR

PASQUEFLOWER

PEONIES

PLANT

POINSETTIA

POLLINATION

POLYANTHUS

PRIMROSE

RHODODENDRON

SEEDS

SEGO LILY

SUNFLOWER

SWEET WILLIAM

WILDFLOWERS

ZINNIA

Blooming

Solution on Page 328

ANTEATER

BADGER

BULLFROG

CHIMPANZEE

CHIPMUNK

COBRA

COCKATOO

COUGAR

CRANE

CROCODILE

GILA MONSTER

GORILLA

HAWK

KANGAROO

MARMOSET

MOLE

MONGOOSE

OPOSSUM

ORANGUTAN

OSTRICH

OTTER

RHINOCEROS

ROOSTER

SLOTH

SQUIRREL

STINGRAY

SWAN

TORTOISE

VULTURE

WARTHOG

WILDEBEEST

WOLVERINE

WOODCHUCK

YAK

```
R O O S T E R E G D A B M E
D S Y E W K A N G A R O O S
E T A L M A E S O O G N O M
N R R O R A N G U T A N T Y
A I G M M A R M O S E T A S
R C N V U L T U R E R K K G
C H I M P A N Z E E H C C O
R E T A E T N A T B I U O R
O X S L O T H S T E N H C I
C O U G A R N H O D O C O L
O T O R T O I S E L C D P L
D K N U M P I H C I E O O A
I H W A R T H O G W R O S R
L E L E N I R E V L O W S B
E I V L E R R I U Q S K U O
G O R F L L U B K W A H M C
```

Solution on Page 328

AGED	ICE CREAM
ANIMAL	INDUSTRY
BARN	LACTOSE
BUCKET	LOW FAT
BUTTERMILK	MANURE
CALCIUM	MILKING
CASEIN	PASTURE
CATTLE	POWDER
CHEESE	PROCESSING
CHURN	PRODUCTS
COWS	SKIMMED
CURDS	UDDER
FACTORY	WHEY
FARMERS	WHOLE
FOOD	YOGURT
GOATS	
GRASS	
HARVESTING	
HEALTHY	
HEIFER	

```
P P K W Y V U E U V F H X R
W O P M X O I F D D O O F E
H W M I L K I N G E C C O D
O D H E A L T H Y H G Q C D
L E I G N I T S E V R A H U
E R U N A M A E R C E C I C
F A R M E R S C Y E H W P H
G N I S S E C O R P G R A S
C L V F R T X A T C O W S W
A S A A E T M L S D H A T B
T T A M F U N A U E R U U A
T A N V I B M C D G I C R R
L O F C E N T T N N K N E N
E G L W H S A O I E L S B L
F A C T O R Y S T R U G O Y
C U R D S L D E M M I K S E
```

Solution on Page 328

ANGER	HORROR
ANXIETY	HURT
AWE	JOY
BORED	LONGING
CONTENT	LOVE
DESIRE	LUST
DESPAIR	NERVOUS
DISGUST	OPTIMISM
ELATION	PANIC
EMPATHY	PITY
ENVY	PLEASURE
FEAR	PRIDE
FEELING	RAGE
FRIGHT	RELIEF
GLAD	SADNESS
GLEE	SHAME
GRIEF	SORROW
GUILT	SYMPATHY
HATRED	TRUST
HOPE	ZEST

```
C R G B A H A T R E D F S S
A W E L T I X Q R O T O W X
B T P L E F W I D E R O B L
H S I D I E S B Y R U R U J
G U T E A E E V O L S S O S
G L Y V D L F W J Y T U S H
F Z D P U I G Y H J W O S A
N M I A T N E T N O C V E M
O E S N V G A E X N F R N E
I T G I P P R I A P S E D G
T H U C M P F X R E G N A A
A G S E E I J N Y E G X S R
L I T K Y H T A P M Y S Y H
E R U S A E L P R I D E V F
J F E I R G V L O N G I N G
P A C Z E S T R U H O P E H
```

Solution on Page 328

APPRENTICE

ARTISAN

BARBER

BLACKSMITH

BUILDER

BUSINESS

BUTCHER

CARPENTER

CHEF

COBBLER

CONTRACTOR

CRAFT

GUILD

IRONWORKER

JOURNEYMAN

KNOWLEDGE

LABORER

LOCKSMITH

MACHINIST

MANUAL

MECHANIC

PAINTER

PLUMBER

PROFESSION

ROOFER

SKILLED

STONEMASON

TOOLS

TRAINING

WATCHMAKER

```
C L O C K S M I T H C H E F
O H X A P P R E N T I C E C
B T O O L S S E N I S U B A
B B I E W A T C H M A K E R
L S R E T N I A P S R A G P
E T I R O N W O R K E R D E
R O T C A R T N O C D T E N
E N S I D K F A F A L I L T
B E I N L D A M E L I S W E
M M N A I V R Y S B U A O R
U A I H U O C E S L B N N E
L S H C G N I N I A R T K H
P O C E S R E R O B A L H C
A N A M E L A U N A M A F T
Y G M Z M R O O F E R K C U
D E L L I K S J R E B R A B
```

Solution on Page 329

BRAWL

BRONCO

BUNK

CHUCK WAGON

COW TOWN

DEADWOOD

DESPERADO

DODGE CITY

DUSTY

GRIZZLY ADAMS

GUNSMOKE

HITCHING POST

JERKY

KANSAS CITY

LASSO

LIVERY STABLE

LONE RANGER

LONGHORNS

MAVERICK

OPEN RANGE

PASTURE

PONDEROSA

RAWHIDE

REINS

RIFLEMAN

ROAM

SETTLEMENTS

SIX SHOOTER

WILD WILD WEST

```
O A S O R E D N O P L S W Y
P G U N S M O K E W S I E K
E T R I F L E M A N L D Z R
N S M I M A O R I D I S R E
R O D A Z N B E W H V P E J
A P G E V Z R I W T E S T S
N G C A A E L A X Y R E O N
G N K O W D R Y T E Y T O R
E I O D W K W I A X S T H O
R H S E U T C O C D T L S H
U C S R P S O U O K A E X G
T T A E A C T W H D B M I N
S I L S N X E Y N C L E S O
A H N O R E G N A R E N O L
P A R V D O D G E C I T Y P
K B U N K O D A R E P S E D
```

Solution on Page 329

ACCORD

ACURA

AUTOMATIC

CAMRY

CHRYSLER

CONVERTIBLE

COROLLA

ESCORT

HONDA

HYBRID

INFINITI

INTEREST RATE

JAGUAR

LAMBORGHINI

LESABRE

LICENSING

MANUAL

NEGOTIATE

PAYMENT

PRE-OWNED

PRIVATE SALE

RAM

REBATE

SAFETY RATING

SALESPERSON

STICKER PRICE

TEST DRIVE

THUNDERBIRD

TRADE IN

USED

WARRANTY

YUKON

```
S N E G O T I A T E A R N H
A Y U S E D R O C C A J I T
L T C O N V E R T I B L E E
E N C H R Y S L E R J T D S
S A D E N W O E R P A D A T
P R L T H U N D E R B I R D
E R P A Y M E N T E I R T R
R A I U M R G S D K T B R I
S W K V E B E M P C I Y A V
O O L B A R O A H I N H U E
N S A F E T Y R A T I N G R
D T U T A E E X G S F G A B
E X N T R O C S E H N L J A
H I A A U T O M A T I C O S
Y R M A C O R O L L A N S E
H O N D A G N I S N E C I L
```

CHAINS

CLOUDS

COLD

CROSS COUNTRY

DORMANT

FIREPLACE

HIBERNATE

HORSE SLED

ICE FISHING

ICE SCULPTURES

ICICLES

IGLOO

NEW YEARS

OVERCOATS

ROCK SALT

SAND

SKIING

SLUSH

SNOW CAVE

SNOW FORTS

SNOW SHOVEL

SNOW SLED

SNOW TIRES

SNOWBALL

SNOWDRIFT

SNOWFLAKES

SNOWMOBILES

THAW

WARM

WINDCHILL

```
W A H T S N O W D R I F T I
G N I I K S N O W B A L L O
S P B C D S T C W A G S A V
E E E L E E N R N B N L S E
L C R O L F L O O O K U K R
I A N U C I I S W F L S C C
B L A D T E H S E S W H O O
O P T S C P H C H S L O R A
M E E R E O L O D I R E N T
W R I A V R T U S N N O D S
O I G E H L I N C N I G H E
N F L Y F M D T A S I W G L
S G O W E R L R W M E A P C
A V O E U A O Y V O R C H I
N U S N O W C A V E N O I C
D N S N O W F L A K E S D I
```

Solution on Page 329

ALGERIA	SAHARA DESERT
ASCENSION	SAINT HELENA
BENIN	SEYCHELLES
BOTSWANA	SIERRA LEONE
BURKINA FASO	SWAZILAND
BURUNDI	TANZANIA
CAMEROON	THE GAMBIA
CAPE VERDE	TOGO
DJIBOUTI	ZAMBIA
ERITREA	ZIMBABWE
GABON	
IVORY COAST	
KALAHARI	
KILIMANJARO	
KWACHA	
MAURITANIA	
NAIRA	
NAMIBIA	
NIGERIA	
RWANDA	

```
A I B I M A N A W S T O B Z
I I N T N O I S N E C S A C
A V N O O R E M A C I A L K
M I O A B G U A E E T F S A
U Z R R Z A O U R K T A A L
V I W E Y N G R T W H N I A
S M A G G C A I I A E I N H
E B N S B L O T R C G K T A
L A D J E N A A E H A R H R
L B A O A M D N S A M U E I
E W N I G E R I A T B B L D
H E R N S E Z A M B I A E N
C A P E V E R D E J A C N U
Y O R A J N A M I L I K A R
E T D J I B O U T I R Y M U
S W A Z I L A N D N I N E B
```

ALEJANDRO	PERFORMING
AMERICAN	PIANO
ARTIST	POKER FACE
AWARDS	POP SINGER
CELEBRITY	POPULAR
CLOTHES	ROCK MUSIC
CONCERT	ROMANCE
DANCING	SONGWRITER
ECCENTRIC	STAR
FASHION	STYLE
HAIR	TELEPHONE
ICON	THE FAME
JUST DANCE	VIDEOS
MADONNA	WOMAN
MEAT DRESS	YOUNG
MONSTER	
MTV	
MUSICIAN	
OUTRAGEOUS	
PAPARAZZI	

Lady Gaga

```
Z T S I T R A L U P O P R T
N A I C I S U M T V J Y O E
A O U T R A G E O U S O M M
M V I D E O S A S A E U A A
O P R H A I R T T M H N N F
W S E E S A D D Y E T G C E
Y C O G G A L R L R O N E H
T T E N N F E E I L I C T
A R I C G I I S J C C C C E
M N E R A W M S T A R N E L
O A N C B F R R P N N A N E
N W A O N E R I O O O D T P
S A P N D O L E T F P C R H
T R Y A N A C E K E R Q I O
E D C I S U M K C O R E C N
R S U P I Z Z A R A P A P E
```

Solution on Page 330

AIRWAVES

ANTENNA

AUDIENCE

BAND

BBC

BROADCAST

CABLE FM

CHANNEL

DIAL

FCC

FREQUENCY

INTERNET

LISTENER

MICROPHONE

MODULATION

MUSIC

NETWORKS

NPR

ON AIR

PROGRAM

PUBLIC

RADIO

RECEIVER

RECEPTION

SATELLITE

SHORTWAVE

SIGNAL

SIMULCAST

SIRIUS

STATIONS

TALK

TOWER

TRANSMIT

TUNER

Radio Broadcasting

```
I M R T R A N S M I T A L K
S R U A S T A T I O N S Q P
H E F S I M U L C A S T N Q
O N S R I N T E R N E T S B
R E I L E C A E O T D N A B
T T G R A Q V S P E P A T C
W S N R U I U H H N U U E N
A I A V E I D E O N R D L E
V L L C R F P I N A C I L T
E O E I D E T J E C Q E I W
S R S E V A W R I A Y N T O
R O U E L N O I T P E C E R
Q A N U Z V V R T O W E R K
A P D A M F E L B A C C F S
R O Y I I C H A N N E L I C
M A R G O R P U B L I C Z L
```

Solution on Page 330

ANHUI	MINGS
BEIJING	PREMIER
CHANGSHA	PRESIDENT
CHINA SEA	SHAANXI
CHOU DYNASTY	SHANDONG
CONFUCIANISM	SHANGHAI
GANSU	TYPHOONS
GOBI DESSERT	XIAN
HAINAN	YELLOW SEA
HAN DYNASTY	YUAN
HEILONGJIANG	YUNNAN
HENAN	
HONG KONG	
HORSE	
HUANG HE RIVER	
HUNAN	
INNER MONGOLIA	
JIANG ZEMIN	
LIAONING	
MAO TSE TUNG	

```
L N H G N U T E S T O A M Y
I R A O X G N O D N A H S H
A G E P N I M E Z G N A I J
O O S V R G A N S U C R N G
N B A H I E K N K R H W A N
I I N N E R M O N G O L I A
N D I A H N E I N D U H C I
G E H U N U A H E G D N U J
Q S C Y O U I N G R Y A F G
Z S H A N G H A I N N N N N
Y E L L O W S E A O A N O O
P R E S I D E N T T S U C L
Q T H A N D Y N A S T Y H I
M I N G S N O O H P Y T H E
I X N A A H S G N A H C D H
H A I N A N B E I J I N G M
```

Solution on Page 330

ACCESSORIES	RIMS
BALANCE	SHIFTERS
BELL	SPEEDOMETER
BRAKES	STEERING
CHAINS	SUSPENSION
COMMUTE	TAILLIGHT
CRANK	TANDEM
CROSSBAR	TIRES
FENDER	TOUR DE FRANCE
FORKS	TOURING
FUN	TRICYCLE
GEARSHIFT	UNICYCLE
HELMETS	VEHICLE
INNER TUBE	WATER BOTTLE
MIRROR	
OIL	
RACING	
RECREATION	
RECUMBENT	
RIDING	

```
U C E L G E A R S H I F T E
N R M B I C R A B S S O R C
I A E I U O S W G A U S F N
C N S D R T K A C R S U U A
Y K E P N R R T D A T S N L
C R T R E E O E C C E P O A
L E U I S E F R N I E E I B
E C M D T R D B R N R N T V
L U M I A I E O S G I S A G
C M O N N M S T M H N I E N
Y B C G D S O T F E G O R I
C E C B E L L L E I T N C R
I N D C M R B E B M H E E U
R T C V E H I C L E L S R O
T A I L L I G H T I R E S T
S E K A R B T W S N I A H C
```

Solution on Page 331

ABSORPTION	NEWTON
ACCELERATION	OHM
ALPHA DECAY	PERIOD
ALPHA PARTICLE	QUANTUM NUMBER
AMMETER	REFLECTION
AMPERE	REFRACTION
AMPLITUDE	SUPERCONDUCTOR
ATOMIC MASS	
AXIS	
BETA PARTICLE	
CATHODE RAY	
COLLISION	
DIFFRACTION	
DRIVING FORCE	
ELECTRIC FIELD	
INERTIA	
ISOTOPE	
LASER	
MOTION	
NEUTRON	

```
O R A L P H A D E C A Y H J
R E E C R O F G N I V I R D
O F L B C O L L I S I O N I
T L C E M E P O T O S I E F
C E I T C U L A S E R I U F
U C T A A T N E W T O N T R
D T R P T B R M R C H E R A
N I A A H O S I U A M R O C
O O P R O A M O C T T T N T
C N A T D N M I R F N I C I
R O H I E Y D M C P I A O O
E I P C R I Y O E M T E U N
P T L L A X I S I T A I L Q
U O A E Y A M P E R E S O D
S M N O I T C A R F E R S N
E D U T I L P M A B M P S A
```

Solution on Page 331

ALLEY

ANDRE AGASSI

BALL BOY

BASELINE

BILL TILDEN

CLIFF DRYSDALE

DECOTURF

DON BUDGE

DOUBLES

DROP SHOT

ITF

JIMMY CONNORS

JOHN MCENROE

KIM CLIJSTERS

LET

MARTINA HINGIS

MICHAEL CHANG

ROD LAVER

ROGER FEDERER

ROLAND-GARROS

SMASH

STEFAN EDBERG

TIEBREAKER

VENUS WILLIAMS

VOLLEY

```
M T J O H N M C E N R O E I
I R N I X D H S A M S R F S
C O K E M N R A F T I E C S
H L B I D M Y O Q F G V M A
A A I A M L Y E P X N A D G
E N T F S C I C L S I L E A
L D I V F E L T O L H D C E
C G E O S D L I L N A O O R
H A B L E U R I J L N R T D
A R R L L X W Y N S I O U N
N R E E B S S A S E T B R A
G O A Y U R U S V D R E F S
O S K N O Y O B L L A B R Z
V H E G D U B N O D M L L S
G V R O G E R F E D E R E R
G R E B D E N A F E T S T C
```

Solution on Page 331

AUCTION

BIDDING

BRIDGE

CALL

CARD GAME

CHANCE

CLOCKWISE

CLUBS

COMPASS

CONTRACT

DEALING

DECLARER

DIAMONDS

DOUBLE

DUMMY

DUPLICATE

EAST

FOUR

HANDS

HEARTS

LEVEL

NORTH

PARTNERS

PLAYERS

RUBBER

SCORING

SKILL

SOUTH

SPADES

STRATEGY

SUITS

TABLE

TOURNAMENT

TRICKS

TRUMP SUIT

WEST

Contract Bridge

```
K E L B U O D U M M Y C V F
H T R O N S O U T H A N D S
F A T R I C K S C O R I N G
L C L O C K W I S E A A U K
L I Y S T I U S P M U R T S
A L G G U K R X O A C Z N B
C P I L E E U N H G T P E U
N U M K N T D R E D I D M L
C D S T S S A E A R O E A C
O Q R A E E W R R A N A N H
M A E B G D E A T C T L R A
P W Y L D A S L S S E I U N
A N A E I P T C A R T N O C
S K L W R S L E V E L G T E
S E P K B I D D I N G J M K
I Y M I R E B B B U R U O F D
```

Solution on Page 331

ADMIRED	HEALTH
ART	HOT
ATTRACTIVE	IDEA
BEAUTIFUL	INNER
BEHOLDER	LOOKS
CHARACTER	LOVE
CHARISMA	MAGAZINES
CLASSIC	MEANING
COLOR	MODELS
COMPLEXION	NATURE
CONCEPT	PERCEPTUAL
CONTEST	PERFECTION
CULTURE	PERSON
ELEGANCE	PLEASURE
FACE	PRETTY
FASHION	SKIN
FEATURES	SPA
GIRL	SYMMETRY
GLAMOUR	WOMEN
GRACE	YOUTH

```
S K I N N E R U S A E L P H
F A C E M T D E R I M D A O
K G M Y R E R U T L U C G T
A O L A O U E Y P P C G I P
W M N A T U R E E E O N R E
M A S A M T T C R R M I L C
O A E I E O R H F C P N U N
D F G M R O U A E E L A F O
E A M A L A S R C P E E I C
L Y E O Z H H A T T X M T L
S H C D I I R C I U I E U A
X C E O I G N T O A O V A S
E C N A G E L E N L N O E S
B E H O L D E R S P A L B I
G P R E T T Y T S E T N O C
L O O K S K H P E R S O N Q
```

Solution on Page 332

ADDRESS	PHILATELY
ADHESIVE	PICTURE
AIRMAIL	POSTCARDS
BOOKLET	POSTMARK
COLLECTOR	PRICE
COST	ROLL
COUNTRY	SEND
DELIVERY	SHEETS
DESIGNS	SMALL
ENVELOPE	STICK
FOREVER	USPS
GOVERNMENT	
HOBBY	
LETTERS	
LICK	
MAILING	
METER	
PACKAGE	
PAPER	
PERFORATED	

```
A R S K E C I R P M U X F R
P I C T U R E A S E P I I C
O D R O L L C P S T E E H S
S T E M Y K E O N E R B X T
T E A L A L P S G R F G U I
M L S G I I O T I J O N S C
A K E C I V L C S V R I P K
R O K X C Q E A E G A L S C
K O E Y C A V R D U T I M C
O B T V S E N D Y F E A A Q
T S O C I M E S O Z D M L J
A D D R E S S R E T T E L P
H D K N Y L E T A L I H P I
R T T B G V L H O B B Y F Q
M P A P E R D O D X N L V C
U T Y R T N U O C A I V Y A
```

Solution on Page 332

BEAVERHEAD

BIGHORN

CARSON

CHATTAHOOCHEE

CHEQUAMEGON

COCONINO

COLVILLE

CONECUH

DANIEL BOONE

DESCHUTES

DESOTO

FLATHEAD

GILA

HOMOCHITTO

INYO

KAIBAB

MALHEUR

MONONGAHELA

OCONEE

ROGUE RIVER

SAM HOUSTON

SAN ISABEL

ST FRANCIS

UINTA

WAYNE

WENATCHEE

WHITE MOUNTAIN

WILLAMETTE

WINEMA

```
M C E E H C T A N E W C H C
V O Q N W E C X T X H D H K
C C N A O A E T K E I A S A
A O Y O R O E N Q W T E E I
M N L S N M B U O T E H T B
E I O V A G A L A C M T U A
N N M L I M A H E G O A H B
I O L A E L O H Y I U L C E
W I T G L O L Y E J N F S A
W M O S C H E E X L T A E V
O N S H U C E N O C A Z D E
M Y E I R O G U E R I V E R
O E N B I G H O R N N G S H
O T T I H C O M O H E I O E
A H P S A N I S A B E L T A
O S I C N A R F T S W A O D
```

Solution on Page 332

AIR CURRENT

AIRFARE

AIRPLANES

AIRPORT

AIRSPEED

ALTIMETER

BEVERAGES

BUSINESS CLASS

CABIN

CALL BUTTON

CONNECTION

CONVEYOR BELT

DEICING

DEPARTURE

HANGAR

IDENTIFICATION

JET

MAINTENANCE

MECHANICS

METAL DETECTOR

RADAR

RESTAURANT

RUNWAY

SEAT

TAIL

TERMINAL

TURBOPROP

WINDOW

X-RAY MACHINE

44

R T E R U T R A P E D Y D E
A D E E P S R I A Y A E L C
G S C J I T A R B W R A B N
N I O K D N D C N A N U T A
A T N R E A A U F I S C L N
H U N E N R R R M I X A E E
M R E T T U I R N S R L B T
E B C E I A E E W E A L R N
C O T M F T S N I N Y B O I
H P I I I S A T N A M U Y A
A R O T C E T E D L A T E M
N O N L A R S B O P C T V L
I P A A T A E S W R H O N I
C S D E I C I N G I I N O A
S Z T R O P R I A A N F C T
C A B I N S E G A R E V E B

Solution on Page 332

AGED	GLASS
ALCOHOL	GRAPES
AROMA	ITALY
BARREL	MERLOT
BODY	NOSE
BOTTLE	OAK
BOUQUET	PORT
BREATHING	RESERVE
BURGUNDY	SANGRIA
CABERNET	SHERRY
CASK	SPARKLING
CELLAR	SWEET
CHAMPAGNE	TASTING
CORKSCREW	VARIETAL
DECANTING	VINEYARD
DRY	VINTAGE
FINISH	WHITE
FRANCE	WINERY
FRENCH	YEAR
FRUIT	YIELD

```
E E L T T O B X Y L A T I A
S Y D N U G R U B R G V P M
O R V A R I E T A L E I W O
N R S M B J A V S F D N H R
Y E P E A J T L R E R T I A
V H A R V K H U C E Y A T W
W S R L A I I A E O S G E H
E R K O Y T N N L B H E T C
R A L T S T G E O P A O R N
C L I G I A R U Y I J T L E
S L N N P R Q P R A A W C R
K E G M A U O G Y S R N T F
R C A B E R N E T E A D E J
O H O T T A X I G R A P E S
C D G H S I N I F W C R W V
Y I E L D G L A S S C A S K
```

Solution on Page 333

ALMANAC	PARCHMENT
ARTICLE	PARENTING
BESTSELLER	PREFACE
BIBLIOPHILE	PUBLISHERS
BOOKSTORES	SALE
CHILDRENS	SCHOLASTIC
CLASSIFICATION	SCI-FI
CLIMAX	SCRAP
DEWEY DECIMAL	SELF-HELP
EDITION	TITLE PAGE
ENCYCLOPEDIA	
ESSAY	
FABLES	
FONT	
GENRES	
HYMN	
ILLUSTRATOR	
IMAGINATIVE	
ISBN	
MAKE BELIEVE	

```
C H I L D R E N S E L B A F
N P A R C H M E N T N M Y H
T O C N P U B L I S H E R S
I V I L L U S T R A T O R E
T I T T B E S T S E L L E R
L E S C A N A M L A Q S E O
E L A M I C E D Y E W E D T
P I L N E Y I L U S I R I S
A H O C C C E F C F O N T K
G P H L A L L R I I K E I O
E O C I F O A C M S T G O O
S I S M E P S F G V S R N B
S L P A R E N T I N G A A O
A B C X P D S E L F H E L P
Y I E V E I L E B E K A M C
N B S I M A G I N A T I V E
```

Solution on Page 333

ANNULMENT

CONSULTATION

CONTRACTS

CROSS EXAMINE

DEBENTURE

DELIBERATIONS

DEMURRAL

DOCKET

EGRESS

EXONERATION

GAG ORDER

GUARDIANSHIP

HABEAS CORPUS

LITIGATION

MODUS OPERANDI

NATURAL LAW

NEGLIGENCE

NEGOTIATIONS

PARDON

PRO RATA

PROSECUTION

SEARCH WARRANT

TORT

WRONGFUL DEATH

```
I G U A R D I A N S H I P S S
P D N A T U R A L L A W F J
N O N H D E B E N T U R E H
O S E A R C H W A R R A N T
I N C B R N D O C K E T D A
T E O E N E E G R E S S E E
U G N A O G P C O A D X M D
C O S S I I P O S N O R U L
E T U C T L R N S N N E R U
S I L O A G O T E U O D R F
O A T R G E R R X L D R A G
R T A P I N A A A M R O L N
P I T U T T T C M E A G M O
P O I S I R A T I N P A G R
L N O O L O E S N T H G Y W
P S N O I T A R E B I L E D
```

Solution on Page 333

ADVENTURE	FISH TANK
ANCHOR	GILL
ANEMONE	JELLYFISH
ANIMATION	JOURNEY
AQUARIUM	LOST
AUSTRALIA	MARLIN
BARRACUDA	MOVIE
CARTOON	OCEAN
CHILDREN	PELICAN
CHUM	PIXAR
COMEDY	REEF
CORAL	SCHOOL
CRUSH	SEAGULL
DARLA	SHARKS
DENTIST	SON
DISNEY	SWIMMING
DIVER	SYDNEY
DORY	TURTLES
FATHER	WATER
FILM	WHALE

```
E S O N O O T R A C O R A L
I S F E E R X Q Y E N D Y S
V K Y E N R U O J R J S E N
O R E H T A F E N O M E N A
M A B A R R A C U D A R S C
H H G I L L S C C I L U I I
Y S U K R D H U L N O T D L
P M U A N I M A T I O N L E
T I D R L A R U W L H E L P
S Y X D C T T I K R C V U J
I D R A S M U H C A S D G A
T E T U R T L E S M F A A N
N M A S S W I M M I N G E C
E O G M O J E L L Y F I S H
D C W H A L E M X N A E C O
F W A T E R Y R O D I V E R
```

Solution on Page 333

BATHROOM	LEASE
BEDROOMS	LIVING
BUILDING	LOFT
CABLE	NEIGHBOR
CITY	PARKING
COMPLEX	PETS
CONTRACT	RENTAL
CRAMPED	SECURITY
DWELLING	SHARE
ELECTRIC	SINGLE
ELEVATOR	SMALL
ENTRANCE	SPACE
FLAT	STAIRS
FLOORS	STORAGE
HOME	STUDIO
HOUSING	TENANTS
KEYS	UTILITIES
KITCHEN	WALKUP
LANDLORD	WINDOWS
LAUNDRY	

```
J Y S P A C E X E L P M O C
T H R E E L E V A T O R I A
L F O Q M E G A R O T S D B
L H O U C O N T R A C T U L
A L L L S Y H H T C Y P T E
M I F S E I T I L I T U S I
S V D W Q A N I K R I K F C
R I E W B I S G C T R L L R
I N C K E Y S E L C U A A A
A G N I D L I U B E C W T M
T N A T R A L B N L E E N P
S I R C O U K I I E S F E E
H K T H O N L A N D L O R D
A R N E M D N E I G H B O R
R A E N S R S T N A N E T K
E P E T S Y W I N D O W S C
```

AFRICA	INSTANT
ARABICA	JAMAICAN
AROMA	JAVA
ARUSHA	KENYA
BEANS	KOPI LUWAK
BLACK	LATTE
BOURBON	MOCHA
BRAZIL	MUNDO NOVO
CAFFEINE	PACAMARA
CAPPUCCINO	PANAMA
CATURRA	PERU
COLOMBIAN	ROASTED
DARK	ROBUSTA
DECAF	SANTOS
DRIP	STARBUCKS
ESPRESSO	SUMATRA
ETHIOPIAN	TIMOR
FLAVOR	TYPICA
FRENCH	UGANDA
HAWAIIAN	

Coffee Varieties

```
T Y P B R A Z I L B L A C K
N D E C A F H W F R E N C H H
A B S O T N A S T L J A V A
T A R O M A R R U T A C N R
S K C U B R A T S R M V O S
N N A I P O I H T E A M O V
I R P W S C A F F E I N E R
A O P W U O F A O T C A S O
D E U F M L R C V A A I P A
N R C T A O I I O Y N I R S
A O C M T M C P N N D A E T
G B I O R B A Y O E R W S E
U U N C A I P T D K I A S D
R S O H X A M A N A P H O A
E T T A L N B O U R B O N R
P A C I B A R A M A C A P K
```

Solution on Page 334

ALL TRADES	LIGHT BULB
BUILD	NAILS
CALL	NEIGHBOR
CARPENTRY	ODD JOBS
CONSTRUCT	PAINTING
CONTRACTOR	PIPES
DRILL	PLUMBING
DRYWALL	PROJECTS
ELECTRICAL	REMODELING
EXTERIOR	REPAIRS
FIXING	SERVICE
FLOOR	SKILLED
HAMMER	USEFUL
HANDY	VAN
HELPFUL	WOOD
HOME	WORK
HOUSEHOLD	
INTERIOR	
LEAKS	
LICENSED	

Handyman

```
C Y D N A H I N T E R I O R
A X P O P R O J E C T S O E
R N L I O A S G N I X I F P
P E U D P W I B R A R U O A
E I M L A E L N O E I Z O I
N G B O E L S I T J M L C R
T H I H D L L X C I D O S S
R B N E R E E T A E N D H B
Y O G S Y Z L C R S N G O U
R R R U W P H I T A K S R I
E U O O A E Z R N R D A E L
M S O H L L U A O G I E E D
M E L P L C V W C G F C S L
A F F A T E C I V R E S A W
H U C F H B L U B T H G I L
L L I R D E L L I K S O T W
```

Solution on Page 334

ALAMEDA

ALCATRAZ

BEVERLY HILLS

CABLE CARS

CALAVERAS

DEATH VALLEY

EL DORADO

GOLDEN BEAR

KERN

LAKE TAHOE

LASSEN

LOS ANGELES

MARIPOSA

MENDOCINO

MODOC

MOJAVE DESERT

MOUNT SHASTA

OAKLAND

PALM SPRINGS

PLACER

POPPY

SAN BENITO

SAN FRANCISCO

SAN JOAQUIN

SANTA CLARA

SILICON VALLEY

The Golden State

```
S I L I C O N V A L L E Y N
T L A S O P I R A M Z O Y I
X I L Y A L A M E D A H Q U
C S E I E R M W M K R A L Q
S A L L H L E M O Z T T O A
G N B A D Y L V J O A E S O
N B Y L S O L A A D C K A J
I E P O E S R R V L L A N N
R N P T I C E A E H A L G A
P I O A K L A N D V T C E S
S T P L A C E R E O E A L C
M O U N T S H A S T A B E O
L G O L D E N B E A R R S D
A O C S I C N A R F N A S O
P M A R A L C A T N A S U M
X Q W O N I C O D N E M P G
```

Solution on Page 334

ANCIENT

ANTIQUING

ARTIFACT

AUCTION

BEAUTY

BUY

CAR

CHAIR

COLLECTION

CONDITION

DEALER

DECOR

DESIRABLE

ERA

ESTATE

FURNITURE

GEORGIAN

HISTORICAL

ITEMS

LACE

MUSEUM

OBJECT

OLD

PAST

PERIOD

PORCELAIN

POTTERY

RARITY

ROADSHOW

RUGS

SALE

SHOPPING

TIME

UNIQUE

UTILITY

VALUABLE

VICTORIAN

VINTAGE

WOOD

```
H G N I P P O H S I T E M S
N E W D R A E G A T N I V D
R O O E R S R M U S E U M P
Y R O A O T U T I L I T Y O
U G D L A R N O I T C U A R
N I X E D A R E T F N C N C
I A D R S R N Y W O A O Z E
Q N V U H I S T O R I C A L
U T A T O T R U I T I O T A
E C L I W Y Z A C Q P N L I
S E U N R R D E B O U D W N
T J A R J O L B T L O I O R
A B B U I L T T U I E T N U
T O L F O A E C R Y C I C G
E D E C O R H E I C A O C S
S A L E Y Z P C X V L N V Q
```

Solution on Page 335

ALTERATION

BEADING

BOBBIN

BODICE

BOLT

BONDING

CANDLEWICK

CROSS-STITCH

CUTWORK

EMBOSSING

FLOCKING

HEMSTITCHING

INSEAM

INTERFACING

INTERLINING

NEEDLEPOINT

NOTCHES

PATCHWORK

PIVOTING

PRESHRINKING

QUILTING

SEAM ALLOWANCE

SEERSUCKER

SMOCKING

SUTURING

TOPSTITCH

UNDERSTITCH

```
N I I N T E R L I N I N G B
E N P R Q G G N G S F U N E
E S I E U N N O N U L U I M
D E V K I I I T I T O N C B
L A O C L K K C D U C D A O
E M T U T N C H N R K E F S
P A I S I I O E O I I R R S
O L N R N R M S B N N S E I
I L G E G H S G G G G T T N
N O H E M S T I T C H I N G
T W F S T E C I D O B T I N
L A O I K R O W T U C C B I
O N T T O P S T I T C H B D
B C A L T E R A T I O N O A
H E C A N D L E W I C K B E
Q I P A T C H W O R K K J B
```

Solution on Page 335

BRAND	NOODLE
BROTH	POP ART
CANS	PRODUCTS
CASSEROLE	RED
CHICKEN	RICE
CHUNKY	SALT
CONDENSED	SODIUM
COOK	SOUP
CRACKERS	STOCK
CREAM	TOMATO
EAT	VARIETY
FOOD	VEGETABLE
HEALTHY	WARHOL
HOME	WHITE
KIDS	
KITCHEN	
LABELS	
MEAL	
MMM GOOD	
MUSHROOM	

```
D B W V D M Y C U N H D H C
R S U V I K S Y Y R E D D R
M S O D N O O D L E I M M L
S A D U D V P R O D U C T S
H J H I P M E A L S X R E D
N C U K K L E G H D W E N H
E M A T L A S R E K C A R C
H N L S T D O S F T R M V O
C E E E S O N O U B A C N O
T K A J M E X H T O R B J K
I C F L D P R L L A B E L S
K I O N T D O O G M M M X E
K H O M E H J P L K C O T S
T C D Y R V Y T A E D E T I
D S N A C U C V A R I E T Y
I G W V X Z J W H I T E N Y
```

Solution on Page 335

AIR	LAVA
ANIMALS	LIFE
ATMOSPHERE	MAGMA
BIOLOGY	MANTLE
BIOSPHERE	MOUNTAIN
CHEMISTRY	NATURE
CHRONOLOGY	OCEANS
CLIMATE	PLANET
CORE	PLATES
CRUST	ROCKS
EARTHQUAKE	SOIL
ECOLOGY	SPHERES
ENERGY	STUDY
GEOGRAPHY	TECTONIC
GEOLOGY	VOLCANOES
GEOPHYSICS	WEATHER
GEOSCIENCE	
GEOSPHERE	
GLACIOLOGY	
HYDROLOGY	

```
Y D U T S W E A T H E R O C
T H N A T U R E C O L O G Y
E N E R G Y X Y G O L O E G
T E N A L P L A T E S J F O
A G E O S P H E R E S O I L
M E S E K A U Q H T R A E O
I O C H R O N O L O G Y N I
L G I N Y E R E H P S O I B
C R S T E D H E F I L M A A
I A Y S A I R P L A V A T N
N P H U C H C O S T Q G N I
O H P R O C K S L O N M U M
T Y O C E A N S O O M A O A
C H E M I S T R Y E G T M L
E Y G O L O I C A L G Y A S
T Q B B V O L C A N O E S G
```

Solution on Page 335

ACCESS ROAD

BRAKE LIGHTS

CAR STEREO

CONGESTION

COUNTY ROAD

CURVES

DETOUR

FUEL

HIGHWAY

INTERSTATE

MERGE

PARKWAY

PASSING ZONE

PRIVATE ROAD

RAILROAD LINE

RIGHT OF WAY

ROADWAY

RUSH HOUR

SCENIC BYWAY

SIGHTSEEING

SPEED LIMIT

STEERING WHEEL

STOPLIGHT

TURN SIGNAL

YIELD

```
T Y A W Y B C I N E C S N E
R A I L R O A D L I N E P S
C W P R I V A T E R O A D P
O F I I R Y D O E U R B A E
N O S N U A L S H K E S C E
G T I T S W E Y W Q S T C D
E H G E H H I A G I H D E L
S G H R H G Y T N G A Y S I
T I T S O I I G I O Q A S M
I R S T U H Z L R M Q W R I
O U E A R O P Y E L A D O T
N O E T N O T R E K K A A J
B T I E T N G U T Q A O D J
I E N S U E F A S E V R U C
H D G O E R E T S R A C B U
H H C L A N G I S N R U T N
```

Solution on Page 336

ADMINISTRATOR

AUDIOLOGIST

BAKER

BEAUTICIAN

BUTCHER

CAPTAIN

CONSTRUCTION

CONTRACTOR

DIETITIAN

DISC JOCKEY

DOCTOR

EDITOR

FOREST RANGER

LAWYER

MECHANIC

NURSE

OPTOMETRIST

PAINTER

PHARMACIST

PHOTOGRAPHER

SCIENTIST

SEISMOLOGIST

TAXI DRIVER

TRAIN ENGINEER

TRUCK DRIVER

WRITER

```
M S T A X I D R I V E R L L
J H N A I C I T U A E B F A
T P H O T O G R A P H E R W
Q T G R I P B A K E R F R Y
T S C O N T R A C T O R F E
R I N T D O C T O R T R A R
U G I I L M M U E R A T U Y
C O A D W E I S R E R S D E
K L T E D T T W I T T I I K
D O P H A R M A C I S T O C
R M A P A I N T E R I N L O
I S C N E S R U N W N E O J
V I G B U T C H E R I I G C
E E Z C I N A H C E M C I S
R S N A I T I T E I D S S I
R E E N I G N E N I A R T D
```

Solution on Page 336

ACRYLIC	MATERIALS
ALPACA	MILL
ANGORA	NYLON
CASHMERE	PATTERN
CLOTHING	POLYESTER
COTTON	RAYON
CROCHETING	SATIN
DENIM	SEWING
DESIGN	SILK
DYES	SPANDEX
FABRIC	SPINNING
FASHION	SYNTHETIC
FELT	TAILORING
FIBERS	TEXTURE
FLAX	THREAD
HEMP	TWILL
INDUSTRY	WEAVING
KNITTING	WOOL
LINEN	WOVEN
LOOM	YARN

```
C I R B A F E L T H E M P R
X R D Y E S P I N N I N G J
M A O A L P A C A N O N M S
I N L C G N I R O L I A T G
L G R F H L G T Y H T Y E N
L O X E Y E T N T E A J X I
K R O R T O T O R R C F T V
L A C W C T L I N E N A U A
I A I I H C A H N D G S R E
S L H R T L E P U G I H E W
L R E T S E Y L O P S I G M
H A E C A S H M E R E O N I
D L K B T Y R T S U D N I N
K O G N I T T I N K G P W E
W O V E N F G R A Y O N E D
C M J S X E D N A P S Y S J
```

Solution on Page 336

ARGUMENT

CONCEPT

ENLIGHTENMENT

EPISTEMOLOGY

ETHICS

EXISTENTIALISM

HEGEL

HEIDEGGER

IDEALISM

INTELLECTUAL

JOHN LOCKE

MARX

METAPHYSICS

NIETZSCHE

NIHILISM

OPINIONS

PHENOMENOLOGY

PHILOSOPHER

PLATO

PRAGMATISM

RATIONALISM

REASON

STRUCTURALISM

THEOLOGY

WITTGENSTEIN

```
D P Y R A T I O N A L I S M
R E G G E D I E H P A O B J
S C H A X R A M G H U N B J
T O E R I Y P S S I T C W S
R N G G S G R I N L C E I C
U C E U T O A L O O E K T I
C E L M E L G A I S L C T S
T P H E N O M E N O L O G Y
U T P N T E A D I P E L E H
R N L T I H T I P H T N N P
A O A O A T I H O E N H S A
L S T N L G S C G R I O T T
I A O K I V M U S I P J E E
S E H C S Z T E I N L J I M
M R K S M S I L I H I N N N
N Y G O L O M E T S I P E N
```

Solution on Page 336

ALABAMA	KANSAS
AMENDMENTS	LAWS
AMERICAN	LIBERTY
APPLE PIE	MAINE
ARIZONA	MISSOURI
BILL OF RIGHTS	SUPREME COURT
CAPITALISM	TAXES
COLONIES	UTAH
COLORADO	VIRGINIA
ELECTIONS	VOTE
FIFTY STATES	WALL STREET
FLORIDA	WISCONSIN
GREAT LAKES	
HAWAII	
HISTORY	
IDAHO	
ILLINOIS	
INDEPENDENCE	
INDIANA	
IOWA	

```
E N I A M I S S O U R I Q Q
C T A X E S N O I T C E L E
V O Z M T E I P E L P P A L
I V L S E C O L O N I E S S
R T A O E N A N A I D N I A
G R N S R K D M Q T F F H S
I U O I T A A M E R I C A N
N O Z O S I D L E F V P W A
I C I N L N S O T N O F A K
A E R I L W O Y H A T U I C
L M A L A N S C P H E S I O
A E S L W T H I S T O R Y H
B R S I A F L O R I D A G A
A P Y T R E B I L A W O I D
M U E C N E D N E P E D N I
A S T H G I R F O L L I B S
```

Solution on Page 337

AIRPLANE

ARC LAMP

ATOMIC BOMB

BARBED WIRE

BLUE JEANS

BRAILLE

COTTON GIN

ELECTROMAGNET

GEIGER COUNTER

GYROSCOPE

LAWN MOWER

MACHINE GUN

PARKING METER

PLAYER PIANO

REVOLVER

RUBBER BAND

SEWING MACHINE

SODA FOUNTAIN

SPECTROSCOPE

TELEGRAPH

TELEPHONE

TOILET

TRAFFIC LIGHT

UMBRELLA

```
V D N A B R E B B U R S C T
W X S P E C T R O S C O P E
S N A E J E U L B E N B Q L
N G L B A R B E D W I R E I
U U M B R E L L A I A W P O
G E I G E R C O U N T E R T
E L E C T R O M A G N E T B
N A N P E E T E I M U P E M
I W O M M V T L R A O O L O
H N H A G L O L P C F C E B
C M P L N O N I L H A S G C
A O E C I V G A A I D O R I
M W L R K E I R N N O R A M
E E E A R R N B E E S Y P O
F R T R A F F I C L I G H T
O N A I P R E Y A L P X W A
```

Solution on Page 337

APPLIANCES

ASSOCIATES

BLUE

BUSINESS

CAMERAS

CELL PHONE

COMPUTERS

CONSUMER

CUSTOMERS

DRYERS

DVD PLAYER

ELECTRONIC

EXPENSIVE

GADGETS

GAMES

GEEK SQUAD

MEDIA

MOVIE

MUSIC

ONLINE

PHONES

RETAILER

SALES

SERVICE

SHOPPING

SOFTWARE

STEREO

STORE

TECHNOLOGY

TELEVISION

TVS

WARRANTY

YELLOW TAG

```
C S R Y T N A R R A W S B E
S E E N I L N O P S A T L V
O N M T S Q R P R L O E U I
F O U A A E L E E H C C E S
T H S B O I M S T T D H C N
W P N P A O C A R A Z N C E
A L O N T Z A O G J I O A P
R L C S S E N I S U B L M X
E E U E C I V R E S S O E E
S C Y E C S T E G D A G R R
F X D A U Q S K E E G Y A O
Y Y E L L O W T A G T V S E
S R E T U P M O C I S U M R
E I V O M E D I A S T O R E
F I N O I S I V E L E T S T
S H O P P I N G D R Y E R S
```

Solution on Page 337

AQUA	MAROON
AUBURN	OLIVE
AVOCADO	ORANGE
AZURE	PAINT
BEIGE	PALE
BLACK	PINK
BLUSH	PLUM
BRONZE	PURPLE
BURGUNDY	RED
CAMOUFLAGE	SAGE
CREAM	SALMON
CRIMSON	SIENNA
CYAN	SILVER
GOLD	TAN
GRAY	TEAL
GREEN	TINT
HUE	TONE
LAVENDER	TURQUOISE
LIME	WHITE
MAGENTA	YELLOW

```
G P E A M F A H K C A L B P
U L A M A R O O N Z T Y W T
B U H I T N I T U E R S O B
D M K L N B O R A N G E L Z
W H I T E T E L O R N U L V
A M C I G X G S A O S A E N
E D G A A Z M Y T H V T Y R
L E L V M I H R E E Z U P U
A V P O R O Y D N U G R U B
P I T C G H U D O C I Q R U
I L N A T B E F M R H U P A
N O X D U R V Z L E Q O L S
K K S O N O D P A A O I E H
A Q U A N N E I S M G S U E
C B Y E G Z R S I L V E R H
R C Z N E E R G A G Z N F R
```

Solution on Page 337

BOOKS	LOAN
BORROW	MAGAZINES
CATALOG	MEDIA
CDS	MOVIES
CHILDREN	NONFICTION
CLASSES	NOVELS
COLLECTION	OVERDUE
COMPUTERS	PUBLIC
DICTIONARY	READING
DVDS	REFERENCES
EDUCATION	RESEARCH
FINES	RESOURCES
FREE	SCHOOL
GOVERNMENT	TABLE
HELP	TAPES
INTERNET	
KNOWLEDGE	
LEARNING	
LENDING	
LIBRARIANS	

```
S G I N T E R N E T A P E S L
L D Y E L E A R N I N G X E
S O V R E S R E T U P M O C
R C A D A R M E D I A N K R
E A H N O N F I C T I O N U
A T S O R W O R R O B I O O
D A F E O N F I N E S T W S
I L V H E L P C T Y N A L E
N O I T C E L L O C A C E R
G G N I D N E L Q Y I U D M
C S E C N E R E F E R D G O
H C R A E S E R V I A E E V
P U B L I C H I L D R E N I
E U D R E V O F E L B A T E
B O O K S M A G A Z I N E S
N O V E L S E S S A L C D S
```

Solution on Page 338

ABERDEEN

BLACKBURN

BLACKPOOL

BOLTON

CAMBRIDGE

COLCHESTER

COVENTRY

CRAWLEY

DUNDEE

EASTBOURNE

GLOUCESTER

HUDDERSFIELD

IPSWICH

LEICESTER

LUTON

MILTON KEYNES

NORTHAMPTON

NOTTINGHAM

OLDHAM

POOLE

ROTHERHAM

SOUTHAMPTON

SUNDERLAND

SWANSEA

WEST BROMWICH

WOLVERHAMPTON

YORK

English Cities

```
R L O O P K C A L B K F M X
M E Y C A M B R I D G E Y F
I D T R G L O U C E S T E R L
L N L S T B S W A N S E A O
T N O E E N O O L M Y D S T
O C R T I C E L U T O N T H
N R D U P F I V T P R A B E
K A U O B M S E O O K L O R
E W N Z U K A R L C N R U H
Y L D C O L C H E S T E R A
N E E D R E B A T D K D N M
E Y E L O O P M L U D N E A
S S H C I W S P I B O U O H
N O T P M A H T R O N S H D
P W E S T B R O M W I C H L
K M N O T T I N G H A M E O
```

Solution on Page 338

ASSET	MARGIN
BANKS	MARKET
BONDS	MONEY
BUSINESS	OPTIONS
CAPITAL	PENSION
COMMODITY	PERCENTAGE
DEPOSIT	PRINCIPAL
DIVIDENDS	PROFIT
DOW	PROPERTY
ECONOMY	PURCHASE
FINANCIAL	RETURNS
FUNDS	RISK
FUTURES	SAVINGS
GAINS	SECURITY
GOLD	SELL
INCOME	SILVER
INTEREST	STOCK
LAND	TIME
LOAN	TRADE
LOSS	VALUE

Financial Investment

```
S N I A G K Q Z L S D N O B
S E I C P Q C A P I T A L S
G D L G E U P O V P I T F I
N A O L R I R I T L F T U L
I T S W C A D C A S O I T V
V Z S N E E M I H B R S U E
A D I Y N P C O U A P O R R
S R L D T N E S N F S P E E
P E S O A I I N T E R E S T
E B C N G N D I S I Y D K U
U L I U E R N O S I M Z N R
L F A S R C W K M A O E A N
A U S N O I T P O M N N B S
V N S M D Y T R E P O R P W
F D E D A R T Y P Q C C H B
Z S T T J K M A R K E T G S
```

Solution on Page 338

ASH	HICKORY
BAMBOO	HOUSES
BARK	KNOTS
BIRCH	LOG
BOARDS	LUMBER
BUILD	MAHOGANY
BURN	MAPLE
CARVING	OAK
CEDAR	PAINT
CHERRY	PAPER
CHOP	PINE
CUT	PLYWOOD
ELM	SAND
FIBROUS	SAWDUST
FINISH	SOFTWOOD
FLOORING	STAIN
FOREST	TABLE
FUEL	TIMBER
GRAIN	TREES
HARDWOOD	WALNUT

```
L D X E L P A M F P A P E R
V T D D E L M S U I A X Z Y
A I M S U Y R R E H C I E H
M M H M O W A G L S T O N K
M B B A F O R E S T U Y I T
K E K Y R O K C I H N O P E
R R S C E D A R D A S F H R
A T U N L A W T G L L A N Y
B D O O W T F O S O I C O L
S T R E E S H H O U G U O G
T A B L E A O R H D D T B C
A Q I O M P I S A N D W M L
I F F G G N I V R A C P A X
N I A R G N K S D R A O B S
N R U B I R C H Q B L H G F
G G R F L F M N C N S C E G
```

Solution on Page 338

ACQUAINTANCE

ACTIVITIES

AFFECTION

ASSOCIATION

ATTACHMENT

ATTRACTION

CHILDHOOD

CLOSENESS

COMRADESHIP

CONFIDANT

DEPEND

EMOTIONAL

EMPATHY

HELP

IMPORTANT

INTERESTS

INTERPERSONAL

INTIMACY

MUTUAL

NEED

PEN PAL

RELATIONSHIP

SENTIMENT

SHARING

SUPPORTIVE

TRUE

UNDERSTANDING

```
G D E E N E M O T I O N A L
N J S E I T I V I T C A L A
I N C L O S E N E S S C A N
R I N T E R E S T S P Q P O
A T T R A C T I O N L U N S
H I N T I M A C Y Y E A E R
S R E L A T I O N S H I P E
G N I D N A T S R E D N U P
L T N A T R O P M I K T T R
A C H I L D H O O D A A Y E
U D O A F F E C T I O N H T
T N E M H C A T T A A C T N
U E S U P P O R T I V E A I
M P C O M R A D E S H I P O
S E N T I M E N T R U E M Z
O D B T N A D I F N O C E W
```

Solution on Page 339

APPETIZER	MEAL
ASPARAGUS	MUSHROOMS
BEANS	PASTAS
BREADS	PEAS
BROCCOLI	PLATE
CABBAGE	PORTION
CARROTS	POTATOES
CHIPS	RESTAURANT
COLESLAW	RICE
CORN	ROLLS
COURSE	SALADS
COUSCOUS	SAUCE
CUISINE	SERVING
DESSERT	SMALL BOWL
DINNER	SOUPS
DRESSING	SQUASH
FOOD	STARCH
FRIES	STUFFING
GREENS	VEGETABLES
LUNCH	

```
E H C N U L N O I T R O P X
T C U A S T A R C H C D V H
B S I K P C L C A R R O T S
R N S R O P O T A T O E S E
E E I R R L E B D I N N E R
A E N V E G E T A B L E S V
D R E S S I N G I W Y E M I
S G L T T S C D O Z G E O N
L A E M A O C B O A E B O G
W S U E U L L O B O S R R N
S N P R R L P B U A F O H I
O A S P A R A G U S L C S F
U E T M N C S C N L C C U F
P B S S T R E S S E D O M U
S D A L A S Q U A S H L U T
O O S I S P I H C F R I E S
```

Solution on Page 339

ASTRONOMY

CHURCH

COMPASS

DISCOVERY

EARTH

EXPERIMENT

GALILEO

GENIUS

GEOCENTRIC

GEOMETRY

HERETIC

HISTORY

ITALIAN

JUPITER

KINEMATICS

MATH

MOON

ORBIT

PENDULUM

PHILOSOPHY

PHYSICS

PISA

PLANETS

REVOLUTION

ROMAN

SCIENTIST

SKY

STARS

SUNSPOTS

TELESCOPE

THEORIES

```
T G E N I U S T E N A L P T
M A T H S R A T S I S K Y R
U G G E O C E N T R I C L O
L H M C X P J M W H P C Z R
U N B Y H P O S O L I H P B
D I S C O V E R Y O Z U Y I
N G E O M E T R Y Q N R M T
E K I N E M A T I C S C O E
P S S C I S Y H P M Y H N L
C E N O I T U L O V E R O E
I I E M H I S T O R Y N R S
T R A P S C I E N T I S T C
E O R A F S U N S P O T S O
R E T S N A I L A T I K A P
E H H S C O E L I L A G R E
H T B J U P I T E R O M A N
```

Solution on Page 339

AUTOGRAPHS

AWAY TEAM

BALLPARK

BLEACHERS

CATCHER

CHANGEUP

CONCESSIONS

CURVEBALL

DIAMOND

DOUBLE PLAY

DOUBLEHEADER

FIRST BASEMAN

FULL COUNT

GRAND SLAM

HOME PLATE

HOME TEAM

LINE DRIVE

MAJOR LEAGUE

OUTFIELDER

SAVE

SCREWBALL

SECOND BASEMAN

SPITBALL

STOLEN BASE

THIRD BASEMAN

Baseball

```
D R T E S A B N E L O T S D
I E A U T O G R A P H S A N
A H H L I N E D R I V E V K
M C L L A B W E R C S Q E R
O T R G R A N D S L A M Z A
N A M E S A B T S R I F D P
D C P I D A S P I T B A L L
N A M E S A B D N O C E S L
C A R E D L E I F T U O Q A
H W M P S R E H C A E L B B
A A M A J O R L E A G U E E
N Y D O U B L E P L A Y F V
G T H O M E T E A M B N L R
E E Z H T N U O C L L U F U
U A F S N O I S S E C N O C
P M V E T A L P E M O H T D
```

Solution on Page 339

AIR

ANIMAL

AVIAN

BILL

BIRD FEEDERS

BLUEBIRD

BOBWHITE QUAIL

BROWN THRASHER

CARDINAL

CAROLINA WREN

CHICKADEE

CONDOR

CROW

FEATHERS

FLIGHT

FLOCKING

FOWL

HERMIT THRUSH

HUMMINGBIRD

PHEASANT

PURPLE FINCH

RAVEN

ROADRUNNER

ROBIN

ROOST

RUFFED GROUSE

SKY

SONGS

TAIL

WOOD DUCK

YELLOWHAMMER

```
H C N I F E L P R U P N B U
N S K Y W K C U D D O O W Y
F E U H U M M I N G B I R D
R O R R O D N O C W Q P U O
E R W W H S R E H T A E F B
M O O L A T A I C T T T F I
M B R O W N T H R A S H E R
A I C I I E I I B I O G D D
H N O M Q C Z L M L O I G F
W G A U K R U A O R R L R E
O L A A A E T I V R E F O E
L I D V B I L L R I A H U D
L E E I L A N I D R A C S E
E N R E R O A D R U N N E R
Y D F L O C K I N G C V F S
S G N O S P H E A S A N T P
```

Solution on Page 340

ANCESTORS

AUNT

BABY

BAPTISM

CHURCH RECORDS

CONFIRMATION

CORRESPONDENCE

COUSIN

DEED

DESCENDANT

DIARIES

DIPLOMAS

FAMILY BIBLE

FAMILY HISTORY

GRANDFATHER

LAND SURVEYS

LAWSUITS

NIECE

ORAL HISTORY

PASSENGER LIST

PORT OF ENTRY

PRIMARY SOURCE

QUERIES

SPELLING

VITAL RECORDS

WIFE

WILL

```
V V I T A L R E C O R D S A Y
Y R O T S I H L A R O D B F
D R E H T A F D N A R G A A A
O S T I U S W A L O U M B M
S B E N I S U O C E I N Y I
P A S S E N G E R L I S T L
E P E A K F R N Y Q E R T Y
L T I J M H O H I I L O N B
L I R L C O I T R E D T A I
I S E R L S L A R E C S D B
N M U Z T I I P E O T E N L
G H Q O R D W D I F P C E E
C O R R E S P O N D E N C E
S Y E V R U S D N A L A S F
P R I M A R Y S O U R C E I
N O I T A M R I F N O C D W
```

Solution on Page 340

AQUIFERS	POTABLE
BATH	PUDDLE
BAYS	PURIFY
BOATING	RAIN
BOIL	RUNOFF
BOTTLED	SEA
BRIDGES	SHOWER
BROOK	SKIING
CLEAN	SPIGOT
CONSERVE	SPRINKLER
CREEK	STAGNANT
CURRENT	STEAM
DAM	STREAM
DRINKING	TAP WATER
DROPS	THIRST
FAUCET	TIDE
FISHING	TORRENT
ICEBERGS	WATERFALL
MINERAL	WAVES
POND	WELL

```
W R T L G N I I K S S S L M
C R E E K N M D N O P P L V
E P R W C O I I E K L I E W
D C U O O U W T N L O G W H
I R N D S H A A A E T O Y T
T F O M D P S F V O R T R A
W C F P W L R R B E B A O B
T T F A S E E I G H S I L B
G N T L T S F N N N E C T T
B E L A N P I I I K A E N S
R R W O A K U A H Z L B E R
I R C X N J Q R S T I E R I
D O M I G D A M I X O R R H
G T R N A E L C F F B G U T
E D P O T A B L E R Y S C V
S B A Y S T R E A M A E T S
```

Solution on Page 340

AYURVEDA

BODYWORK

CHINESE

CURE

DIET

DISEASE

DOCTOR

ENERGY

FASTING

HEALING

HERBALISM

HERBOLOGY

HOLISTIC

HOMEOPATHY

HYPNOSIS

LIFESTYLE

MASSAGE

MEDITATION

MIND

NATUROPATH

OSTEOPATHY

PLANTS

REIKI

REMEDIES

SHIATSU

SPIRITUAL

SUPPLEMENT

TEA

THERAPY

TREATMENT

VEGAN

WATER

WELLNESS

YOGA

```
O G L Y P A R E H T E I D R R
R Y C A H E R B A L I S M O
D G G H U T N E M T A E R T
S R N O I T A T I D E M G C
S E I A L N I P K K Y H N O
E N T R G O E R O N I T I D
N E S E N E B S I E E A L F
L C A M T W V R E P M P A K
L I F E S T Y L E T S O E R
E T A D U S T A I H S R H O
W S D I S E A S E E R U C W
A I N E O S T E O P A T H Y
T L I S A D E V R U Y A R D
E O M S U P P L E M E N T O
R H Y P N O S I S Y O G A B
V M A S S A G E P L A N T S
```

Solution on Page 340

ARCADE

ATM

BABY STORE

BATHROOM

BORROW

BROWSE

BUSY

CASH REGISTERS

CHARGE

CLEARANCES

CLERKS

COMPUTER STORE

CREDIT CARDS

DOORS

ESCALATORS

EXIT

FAST FOOD

FOOD COURT

GIFT WRAP

INCENTIVES

MACYS

NOISE

ORANGE JULIUS

PERFUME

PET STORE

PROMENADE

RETURNS

STATIONERY

STROLLERS

TEENAGERS

TOY STORE

110

```
T E E N A G E R S K R E L C
B A T H R O O M C E X I T B
E S C A L A T O R S Y C A M
C S E C N A R A E L C B O B
P O N O I S E E D R Y E R U
E F M W T N M S I S E D A S
T W S P R R U W T E G A N Y
S W T S U U F O C D R N G R
T G R R O T R R A A A E E E
O I O O C E E B R C H M J N
R F L O D R P R D R C O U O
E T L D O O F T S A F R L I
Y W E R O T S Y O T S P I T
J R R V F R B O R R O W U A
C A S H R E G I S T E R S T
J P V P I N C E N T I V E S
```

Solution on Page 341

AMERICAN	LOGO
APPAREL	MALL
BOOKS	MINNESOTA
BULLSEYE	MONEY
BUSINESS	ONLINE
CHAIN	PHARMACY
CHEAP	PRODUCTS
CLEARANCE	RETAILER
CLOTHING	SALES
CREDIT	SERVICE
DEALS	SHOPPING
DEPARTMENT	STORES
DISCOUNT	SUCCESS
FOOD	TOYS
FURNITURE	VALUE
GOODS	VARIETY
GROCERY	
HEALTH	
HOUSEWARES	
JEWELRY	

Target Corporation

```
W K Y E N I L N O T S Y O T
S S E C C U S H I Y R F G V
D R N I A H C D S L A E D F
O Y S V I M E Y E S L L U B
O P T R A R R W C E W R D S
F R O E C L E A R A N C E A
T O R S I J U A H I W R P L
N D E O L R P E T P A G A E
U U S N G P A U R W T N R S
O C P A A O R V E M O I T H
C T H S I E L S L O S H M O
S S E N I S U B I N E T E P
I D A B O O K S A E N O N P
D O L C H E A P T Y N L T I
R O T U L L A M E R I C A N
M G H Y R E C O R G M J Z G
```

Solution on Page 341

BACON

BLT

BOLOGNA

BREAD

BURGER

CHICKEN

CLUB

COLD CUTS

CORNED BEEF

CUCUMBER

DAGWOOD

FALAFEL

GRILLED CHEESE

HAM

HERO

HOAGIE

HOTDOG

JAM

LETTUCE

LIVERWURST

MEATBALL

MEATLOAF

MONTE CRISTO

OPEN FACE

PANINI

PATTY MELT

ROAST BEEF

ROLL

SAUSAGE

SLOPPY JOE

SMOKED SALMON

SPROUTS

STEAK

TOMATO

TUNA SALAD

TURKEY

```
P I N I N A P D O O W G A D
L M L E G A S U A S L J N A
E S E E H C D E L L I R G E
T T M A F W H E R O V O O R
T U O O T A M O T P E A L B
U C N P K B L A I P R S O S
C D T A E E A A H Y W T B T
E L E P S N D L F J U B C U
I O C B A A F S L O R E H O
G C R U A T L A A E S E I R
A L I R C C T A C L T F C P
O U S G Q U O Y D E M R K S
H B T E J A M N M V B O E T
M C O R N E D B E E F L N E
M I F A O L T A E M L L T A
G O D T O H Y E K R U T O K
```

Solution on Page 341

ARCHITECT

BIDDING

BRICK

BUILDINGS

BULLDOZER

CARPENTER

CONTRACTOR

CRANES

DELAYS

DESIGN

ENGINEER

EQUIPMENT

ERECT

EXECUTION

FOUNDATION

FRAME

HOUSES

JOB

LABORER

LAND

LOGISTICS

MANAGER

MATERIALS

PLANNING

PROJECT

PROPERTY

SAFETY

SITE

SKYSCRAPER

STEEL

STONE

STRUCTURE

TRADE

WOOD

WORKERS

Construction

```
C A R P E N T E R S U N C G
F R A M E P S P R G S G N E
S C W M S R K K E N E I E R
R H O V C O Y C E I D S M E
E I O N I P S I N D A E A G
K T D A T E C R I L R D T A
R E T N S R R B G I T J E N
O C N O I T A D N U O F R A
W T E I G Y P C E B C E I M
H C M T O T E L T R Z R A S
O E P U L E R D A O I E L Y
U J I C B F N N D N R C S A
S O U E K A E L S L N T T L
E R Q X L S L E E T S I O E
S P E E R U T C U R T S N D
W Z L A B O R E R S I T E G
```

Solution on Page 341

ALUMINUM

BOWLS

BUNDT PAN

CAKE PAN

CASSEROLE

CAST IRON

CERAMIC

COPPER

DUTCH OVEN

FOOD

FRYING PAN

GLASS

GRIDDLES

KITCHEN

LADLE

LOAF PAN

METAL

NONSTICK

PIE PAN

POTS

PYREX

ROASTING

SAUCEPANS

SILICONE

SKILLET

STOCKPOT

STONEWARE

TEFLON

UTENSILS

WOK

```
L K C I T S N O N Q R Z S A
A A F E N O C I L I S S L Q
T P D P I E P A N C A U I C
E P C L X R O K H U M X S I
M C A K E P A N C I Q S N M
J V S E R A W E N O T S E A
Z N S Q Y X P U A O T Q T R
Y A E C P A M E P S E S U E
H P R V N Z K B F S F E B C
T G O S O O I U A A L L B O
T N L K R H T N O L O D O P
W I E I I R C D L G N D W P
K Y F L T F H T O B W I L E
A R R L S M E P U O M R S R
T F K E A F N A K D F G D T
P P P S T C K G N I T S A O R
```

Solution on Page 342

ACTIVITY	LAUGHTER
AMUSEMENT	LEISURE
BOOKS	MEDIA
BOWLING	MONOPOLY
CARD GAME	MOVIE
CARTOONS	MUSICAL
CINEMA	OPERA
CIRCUS	PEOPLE
CLOWNS	PLAYS
COMEDY	PUPPETS
COMICS	RADIO
CONCERT	READING
DANCE	RECREATION
DIVERSION	RELAX
ENJOYMENT	SINGER
FILM	SPORTS
FUN	STORY
GAMBLING	THEATRE
HOBBIES	VIDEO
HUMOR	

```
H O B B I E S Y A L P B X Y
R E L A X M O N O P O L Y T
V A P E O P L E O W R S H R
Y I M U S I C A L O E U Y E
S D D Z P Y T I V I T C A C
C E E E B P N Q L D H R G N
I M L M O G E S H I G I A O
M S E A O R M T A V U C M C
O I I G K C E U S E A L B I
C N S D S R S A N R L O L N
S G U R T H U F D S F W I E
P E R A R O M U H I U N N M
O R E C R E A T I O N S G A
R H E N J O Y M E N T G B Q
T D A N C E I V O M L I F M
S T O R Y A R E P O I D A R
```

Solution on Page 342

AUTOSAVE

BACKBOX

BANK

BONUS

BOUNCE

BUMPERS

BUTTONS

COIN

COMBO

DRAIN

FLIPPERS

FREE BALL

GAME

INLANE

JACKPOT

KICKER

LAUNCH

LIGHTS

MACHINE

MAGIC POST

MATCH

MODE

MULTIBALL

ORBIT

PLAYFIELD

PLUNGER

POINTS

POPPER

RAMPS

REPLAY

ROLLOVER

SLAM TILT

SLINGSHOT

SOUNDS

SPINNER

STOPPER

SWITCHES

TARGETS

122

```
M U L T I B A L L D R A I N
I P L A Y F I E L D M M T P
L M A G I C P O S T P O A S
I T B R E V O L L O R D R X
G S E A U T O S A V E E G O
H T E M B O P D M S P S E B
T O R B A I L A T P P T T K
S P F O N C T O I M G N S C
E P R N K C H L L A I I N A
H E E U H S F I T R N O P B
C R K S G R E G N U L P O U
T E C N G E G A M E A U P T
I P I T O P K C A J N C P T
W L K O B M O C Y C E O E O
S A H C N U A L E F J I R N
Q Y J O R B I T S O U N D S
```

Solution on Page 342

AETIOLOGY

AREOLOGY

ENZYMOLOGY

ESCAPOLOGY

ETYMOLOGY

GRAPHOLOGY

HAGIOLOGY

HAPLOLOGY

ICONOLOGY

IRIDOLOGY

NEPHROLOGY

NOMOLOGY

NOSOLOGY

PHLEBOLOGY

PHYCOLOGY

PRAXEOLOGY

PSEPHOLOGY

SELENOLOGY

SEMIOLOGY

TELEOLOGY

TRICHOLOGY

URBANOLOGY

Fields of Study

```
V A H E Y G O L O M Y T E H
T R A S Y G O L O I G A H N
E E P C I C O N O L O G Y O
L O L A Y G O L O N E L E S
E L O P H L E B O L O G Y O
O O L O T Y V G B E C D L L
L G O L U G I M W X X M F O
O Y G O L O D I R I L A X G
G G Y G O L O M Y Z N E R Y
Y O M Y G O L O H P E S P P
S L N E P H R O L O G Y O Q
U O V Q N P N O M O L O G Y
U C U R B A N O L O G Y I G
A Y H R T R I C H O L O G Y
N H Y K Y G O L O I T E A A
I P Y G O L O I M E S E M N
```

Solution on Page 342

ALPHANUMERIC

ASTERISK

AUTOMATE

BIT

CACHE

CARTRIDGE

CPU

DATABASE

DOTCOM

DOWNLOAD

DRAG

ENTER

ERROR

GIF

HARD DRIVE

MEGAHERTZ

MICROPROCESSOR

MODEM

MOUSE PORT

MULTIMEDIA

MULTITASKING

NETWORK CARD

PASSWORD

PIXEL

PRINTER

RAM

RELIABILITY

SCSI

SERVER

SHAREWARE

SPEAKERS

SPREADSHEET

URL

USB PORT

VIDEO CARD

```
R O R R E V I D E O C A R D
M O U S E P O R T L N L D A
U A S H A R E W A R E P O T
L U K S C P S N B U T H W A
T T S P E A I P T E W A N B
I O I Y A C C X E E O N L A
M M R M T S O H E A R U O S
E A E H E I S R E L K M A E
D T T G A D L W P W C E D D
I E S G A R O I O O A R R I
A R A E E H D M B R R I R S
F R R V F Y E D O A D C K C
D P R I N T E R R C I N I S
S E G N I K S A T I T L U M
S U S B P O R T F Z V O E A
R U P C A R T R I D G E D R
```

Solution on Page 343

ACTIVIST

ALMANAC

AMBASSADOR

AMERICAN

AUTHOR

BIFOCALS

COLONIES

DIPLOMAT

FATHER

FOUNDING

GENIUS

GOVERNMENT

INVENTIONS

JEFFERSON

KEY

KITE

LIBRARY

LIGHTNING

MONEY

NEWSPAPER

PATRIOT

POLITICS

POLYMATH

POSTMASTER

PRESIDENT

PRINTING

REVOLUTION

SATIRIST

SCIENTIST

STATESMAN

STOVE

Benjamin Franklin

```
F E V O T S C I E N T I S T
O B P G N I T N I R P G U A
U I R L M L S V S O A O I L
N F E I J I I E P H T V N M
D O S G A G R N O T R E E A
I C I H I D I T S U I R G N
N A D T D I T I T A O N A A
G L E N U P A O M D T M J C
P S N I Y L S N A W S E L I
O E T N R O O S S E F N M R
L I R G A M S V T F Y T I E
Y N E G R A E A E Y E N O M
M O H L B T T R R R K B C A
A L T M I S S C I T I L O P
T O A K L O A C T I V I S T
H C F B N E W S P A P E R W
```

Solution on Page 343

AMY IRVING

ANNE BANCROFT

BETTE DAVIS

BETTY GRABLE

CLARA BOW

DIANE KEATON

ELLEN BURSTYN

FAYE DUNAWAY

GARY COOPER

GEENA DAVIS

GLENN CLOSE

GRETA GARBO

HEDY LAMARR

HENRY FONDA

JODIE FOSTER

MERYL STREEP

RAQUEL WELCH

RED BUTTONS

ROY ROGERS

SALLY FIELD

SISSY SPACEK

SOPHIA LOREN

```
V P D I A N E K E A T O N C
Z D H E N R Y F O N D A G D
S R C B N S R E G O R Y O R
M E L L E N B U R S T Y N M
H T E N B T E F E G S S F E
E S W E A D T A T N I N G R
D O L R N L T Y A I V O L Y
Y F E O C E E G V A T E L L
L E U L R I D D A R D T N S
A I Q A O F A U R I A U N T
M D A I F Y V N B Y N B C R
A O R H T L I A O M E D L E
R J M P U L S W O A E E O E
R H W O B A R A L C G R S P
S C A S I S S Y S P A C E K
B T G A R Y C O O P E R V R
```

Solution on Page 343

ATRIUM

BALUSTER

BARREL TILES

CANOPY

CAPITAL

CERAMIC TILE

CLAPBOARD

CORNICE

CUPOLA

DORMER

FIELDSTONE

FINIAL

FRENCH DOOR

FRIEZE

GABLE

GAMBREL ROOF

GEODESIC DOME

LATTICE WINDOW

MANTELPIECE

MODERNISM

PREFABRICATION

SASH WINDOW

SHUTTERS

SILL

SOLARIUM

TERRACOTTA

TRUSS

WAINSCOTING

```
D O R M E R B A L U S T E R
V N F O O R L E R B M A G O
E E N O T S D L E I F L D O
C T L C O R N I C E S A D D
E E Z E I R F T U E H T R H
I R A L O P U C L L U T A C
P R E F A B R I C A T I O N
L A I N I F T M A T T C B E
E C T T E L U A N I E E P R
T O Q T E I E R O P R W A F
N T H R R L S E P A S I L L
A T R A B U J C Y C Q N C O
M A L A S A S H W I N D O W
B O G E O D E S I C D O M E
S G N I T O C S N I A W H A
M S I N R E D O M U I R T A
```

Solution on Page 343

ARTICLES

AUDIENCE

BLOG

BROADCAST

COLUMNIST

COPY

EDITING

EDITORS

EVENTS

FACTS

INFORM

INTERVIEW

ISSUES

JOURNALIST

LEAD

MAGAZINE

MASS MEDIA

NEWSPAPERS

ONLINE

OPINION

PRESS

PRINT

RADIO

REPORTING

RESEARCH

SCHOOL

SOURCE

STORY

TELEVISION

TRENDS

TRUTH

WAR

WRITING

P S O U R C E D I T I N G Z
R T R E N D S A S R I D N C
E V E N T S I I A N A W I L
S N D L C E L D T E N D T B
S C I H E A C E L E F K I L
M T O Z N V R M W C A Q R O
V O O R A V I S P I C H W G
L G U R I G P S R N T A D E
B O N E Y A A A I F S U U X
J S W I P P R M N O I D E I
Q E Z E T A O T T R N I D M
H U R M W R B C I M M E I T
T S A C D A O R B C U N T G
U S N O I N I P O N L C O R
R I O O N L I N E H O E R Y
T W H M R E S E A R C H S V

Solution on Page 344

ACTION

ADVENTURE

AGENT

BOND GIRLS

BRITISH

CARS

CASINO

CHARACTER

CONNERY

DALTON

DR. NO

ENEMY

FILM

FLEMING

GADGETS

GOLDENEYE

GOLDFINGER

GUNS

HERO

MARTINI

MONEYPENNY

MOONRAKER

MOVIES

OCTOPUSSY

RUSSIA

SHAKEN

SPIES

VILLAINS

WOMEN

```
G I N I T R A M O V I E S C U
U I I D F L E M I N G I P N N
N E K A H S I T I R B O I S S
S C M L I F S V C A S J E N G
G C H T H T N E G A L I S L L
R O M O O N R A K E R R O G L
L C S N E M O W S K I A O M O
O E E Y E N E D L O G L H O H
H W Q E R U T N E V D A F C C
C A R S F U G B O F N N O T T
Y O S N I A L L I V O O N O O
M O N E Y P E N N Y B I I P P
D N V N H R G A D G E T S U U
K R V E E E Y Z J E M C A S S
O D R M R R R U S S I A C S S
A O D Y S S Y S G X R K D Y Y
```

Solution on Page 344

ANACONDA

ANTEATER

BANANAS

BANYAN

BIG CATS

BRAZIL

BRUSH

CLEARING

DENSE

EQUATOR

FERNS

FLYING FOX

FROGS

GIBBON

HUMID

IMPENETRABLE

JAGUARS

LIZARDS

MACHETE

MAHOGANY

MONSOON

NEW GUINEA

OCELOTS

PHILIPPINES

PINEAPPLE

RAINFALL

SHOWERS

SLOTH

TAPIRS

TERMITES

THUNDERSTORMS

TOUCAN

VEGETATION

```
N O B B I G J A G U A R S N
S L O T H N O O S N O M U A
H S U R B S E T I M R E T Y
O A F L Y I N G F O X Y W N
W N V E G E T A T I O N H A
E A T A P I R S T A C G I B
R N E L B A R T E N E P M I
S A I V A E N I U G W E N F
E B I Y D L I Z A R D S F R
Q S E N I P P I L I H P E O
U N U A F P O C E L O T S G
A H D G E A D N O C A N A S
T U E O R E L E T E H C A M
O M N H N N G L T O U C A N
R I S A S I G N I R A E L C
T D E M H P A B R A Z I L J
```

Solution on Page 344

AUTO RACING

BACKGAMMON

BADMINTON

BIKING

BILLIARDS

BOBSLEDDING

BOWLING

BOXING

BULL RIDING

FIGURE SKATING

GOLF

GYMNASTICS

HORSE RACING

HORSESHOES

ICE HOCKEY

ICE-SKATING

PING-PONG

POLO

RACQUETBALL

SAILING

SKEET

SPEED SKATING

STICKBALL

TABLE TENNIS

WATER-SKIING

WEIGHTLIFTING

```
G  G  G  W  G  Y  M  N  A  S  T  I  C  S
N  N  N  E  N  O  T  N  I  M  D  A  B  E
I  I  I  I  I  X  B  O  W  L  I  N  G  O
L  D  T  G  T  W  A  H  G  S  Y  O  B  H
I  I  A  H  A  A  C  O  N  S  E  L  I  S
A  R  K  T  K  T  K  R  I  I  K  O  L  E
S  L  S  L  S  E  G  S  D  N  C  P  L  S
T  L  E  I  E  R  A  E  D  N  O  I  I  R
I  U  C  F  R  S  M  R  E  E  H  N  A  O
C  B  I  T  U  K  M  A  L  T  E  G  R  H
K  I  V  I  G  I  O  C  S  E  C  P  D  G
B  K  L  N  I  I  N  I  B  L  I  O  S  N
A  I  Y  G  F  N  B  N  O  B  I  N  K  I
L  N  F  L  O  G  F  G  B  A  S  G  E  X
L  G  G  N  I  C  A  R  O  T  U  A  E  O
X  R  A  C  Q  U  E  T  B  A  L  L  T  B
```

Solution on Page 344

ACTIVIST	LENNON
ALBUMS	LINDA
APPLE	LIVERPOOL
ARTIST	LONDON
BAND	MUSICIAN
BASS	PAINTER
BEATLES	PERFORMER
BRITISH	PIANO
CELEBRITY	POP
COMPOSER	RICH
CONCERTS	RINGO
DIVORCE	ROCK
ENGLAND	SOLO
FAMOUS	STAR
GRAMMY	SUCCESSFUL
GUITAR	VEGETARIAN
HARRISON	WINGS
HEY JUDE	YESTERDAY
HISTORY	
KNIGHTED	

Paul McCartney

```
L O N D O N D N A L G N E L
G H G R A T I U G I R O C K
E S C N S T R E C N O C R H
Y T U I I Y S C L D I Y O S
M A T C R R A I S A T B V I
M R H R C O V D V I D A I T
A P V E G E T A R I A N D I
R E Y L R P S B L E T E A R
G R R P O M E S D B T C E B
S F O P K L E U F H U S A R
E O T A E B J F G U O M E Z
L R S C C Y A I C P L T S Y
T M I G E M N S M O N A I P
A E H H O K N O S I R R A H
E R M U S I C I A N S O L O
B L S G N I W P L E N N O N
```

Solution on Page 345

AFRICA	LONG ARMS
ANIMAL	MAMMAL
BANANA	MONKEY
BONOBO	NO TAIL
BRAIN	OMNIVOROUS
CAPTIVITY	ORANGUTAN
CHIMP	PET
CIRCUS	PRIMATE
CLIMBING	RESEARCH
COMMUNITY	SCIENCE
CONGO	SOCIAL
EVOLUTION	SPACE
FAMILY	STRENGTH
FOREST	STRONG
FUNNY	STUDY
GOODALL	TOOLS
GORILLA	WALK
GREAT APE	WILD
HABITAT	ZOO
HANG	

```
A S N T F B G C I R C U S V
B O O E O O L S P A C E C T
R C A P R N A U Z O O A I A
A I F O E O M O P S P W E T
I A R R S B I R R T M I N I
N L I A T O N O I R I L C B
S U C N C M A V M O H D E A
T V A G S O I I A N C V L H
U S G U R T M N T G O L A Y
D T N T Y E G M E L I N F E
Y R I A M N A O U R A Y A K
N E B N A M O T O N W B M N
N N M H M G I G A D I A I O
U G I A N O G B J P A T L M
F T L O N G A R M S E L Y K
Z H C R A E S E R T O O L S
```

Solution on Page 345

ALDOUS HUXLEY

ALIEN NATION

ARMAGEDDON

BATMAN

BLACK HOLE

CAPTAIN KIRK

CREATURE

DOUGLAS ADAMS

FREDERIK POHL

GALAXY QUEST

HARRY POTTER

ICEMAN

KING KONG

KRULL

MARS ATTACKS

QUANTUM LEAP

RAY BRADBURY

SPACE STATION

STAR TREK

THUNDERBIRDS

TITAN AE

URSULA LE GUIN

X-FILES

```
V C H A L I E N N A T I O N
B M A R S A T T A C K S O O
A H R A Y B R A D B U R Y I
T F R G N O K G N I K L W T
M R Y T I T A N A E K Y L A
A E P T U E R U T A E R C T
N D O V G V T S E L I F X S
O E T S E U Q Y X A L A G E
D R T E L L L U R K T M J C
D I E I A D H N A M E C I A
E K R H L S T A R T R E K P
G P D O U G L A S A D A M S
A O L O S E L O H K C A L B
M H D K R I K N I A T P A C
R L S Q U A N T U M L E A P
A T H U N D E R B I R D S K
```

Solution on Page 345

ADMIRAL

AMUNDSEN

ANDREW CROFT

BALBOA

CANARY ISLANDS

CARTIER

CHARLES WILKES

CORTEZ

DANIEL GOLDEN

DE CHAMPLAIN

ERIK THE RED

EXPLORER

FERDINAND

FRIAR JULIAN

HENRY HUDSON

ITALY

JOHN FRANKLIN

LASALLE

LEIF ERICSON

NEIL ARMSTRONG

NEW WORLD

PINTA

SEAMAN

SEARCHING

UNKNOWN

VASCO DA GAMA

```
X N A I L U J R A I R F M H
L E I F E R I C S O N H V E
N A A M A G A D O C S A V N
R N J F E R D I N A N D G R
J D S E A R C H I N G N D Y
O R N E S D N U M A O S A H
H E E R I K T H E R E D N U
N W O N K N U R T Y D Q I D
F C H A R L E S W I L K E S
R R L A R I M D A S R L L O
A O Z E T R O C S L O A G N
N F C R A P I N T A W S O I
K T A L S E A M A N W A L T
L C I B A L B O A D E L D A
I E X P L O R E R S N L E L
N I A L P M A H C E D E N Y
```

Solution on Page 345

AGE

ANIMAL

AQUATIC

BEACH

BOX TURTLE

CARAPACE

CLAWS

CRAWL

EGGS

ENDANGERED

FLIPPERS

GREEN

HARE

HIDE

LAND

MARINE

NATURE

NECK

OCEAN

OLD

PETS

REPTILES

SEA TURTLE

SHELLS

SHIELD

SLOW

SNAPPING

SOUP

SPECIES

SWIMMING

TAIL

TERRAPIN

TORTOISE

WATER

ZOO

```
C P C D F S E I C E P S Y N
O J Y E N M G C I T A U Q A
R B D E R E G N A D N E C T
L I L L E L E E I P N O M U
H O O T S T I R C M A A T R
N H O R I R T A G P M R L E
P A Z U O U E H T T M I A X
P F V T T T E P U R G D W C
Q E M A R X R E P T I L E S
J W T E O O D L E I H S L N
L S A S T B A H E N L L T A
R O C T H G F N C G E F R P
G U C R E C I L I H G C W P
W P H E A R A B S M W S K I
F U K E A W T E R R A P I N
E T P M S N L C B W O L S G
```

Solution on Page 346

ARTIFACTS

BASEBALL

CAPITALIST

CHRISTIAN

CLASSICAL

CULTURES

DEMOCRACY

EDUCATION

EQUALITY

EUROPEAN

EXPRESSION

FOOTBALL

GLOBALISM

GREEKS

HERITAGE

HOLLYWOOD

LIFE

LITERATURE

MEDIEVAL

MODERN

MUSIC

PEOPLE

PHILOSOPHY

POWER

ROMANS

TECHNOLOGY

TELEVISION

TRADITION

```
L A V E I D E M N R E D O M
I N C E N A E P O R U E A E
L O U X T R A D I T I O N M
L I L P H I L O S O P H Y S
A T T R E Z A I I Y A Y F I
C A U E M O L I V C S T E L
I C R S R A P K E A T I B A
S U E S T A I L L R C L A B
S D S I X K T N E C A A S O
A E P O W E R U T O F U E L
L A S N A M O R R M I Q B G
C Y G O L O N H C E T E A R
I H O L L Y W O O D R Q L E
S C B C H R I S T I A N L E
U H E R I T A G E F I L N K
M L C Q L L A B T O O F N S
```

Solution on Page 346

ABDOMEN	MONARCH
ANIMAL	MOTHS
ANTENNAE	PESTS
BRIGHT	PLANTS
BUTTERFLY	PUPA
CHANGE	SEGMENTED
CHRYSALIS	SILK
DAMAGE	SLIDING
EAT	SMALL
EGGS	SPECIES
EYES	SPRING
FUZZY	STAGE
GARDEN	SUMMER
GREEN	TREE
HAIRY	TUBULAR
HERBIVORE	YELLOW
INCHWORMS	
INSECT	
LARVAL	
LEAVES	

Caterpillar

```
W D E T N E M G E S L T K T
O N E E R G F B R P A G L R
L E A V E S R A O R R N I E
L P T E Y I R Y V I V I S E
E F D C G L A M I N A D P K
K Y U S H E A F S B G L I U Y
Q Z T A S S T R R O N L P P
P Z N I U Y N S E C O S A D
E Y A R M R E I H T P N A N
S J L Y M H H W U E T M V E
T E P W E C O B C E A U A G
S Y Q G R R U I N G R T B N
H E G A M L E N E M O D B A
T S N S A S A L L A M S S H
O O H R N E D R A G W X H C
M U O W N T B Q J I I V B H
```

Solution on Page 346

BUSINESS

CALCULATOR

COFFEE MAKER

COMMITTEE

CONFERENCE

EMAIL

ERASER

FAX MACHINE

FILING CABINET

FIRED

GOSSIP

HOLIDAY

JANITOR

LAMP

LASER PRINTER

LETTER OPENER

LUNCHROOM

MANAGER

MEMO

MICROWAVE

PAGER

PAPER CLIP

PICTURES

RULER

SKYSCRAPER

STAPLE PULLER

SUPERVISOR

TIME CLOCK

156

```
O R R E L L U P E L P A T S
M E S E R U T C I P R R I B
E S L E T T E R O P E N E R
M A E R M N N F N L G B P N
M R C N E O I S U L A U I R
I E N Y I K B R U U N S L O
C K E A P H A N P T A I C T
R C R D I A C M J R M N R A
O O E I P H G A E P E E E L
W L F L R L N E M E V S P U
A C N O R I I A R X F S A C
V E O H T A L S C J A F P L
E M C O M M I T T E E F O A
F I R E D E F G O S S I P C
I T S K Y S C R A P E R O Y
N S U P E R V I S O R R S X
```

Solution on Page 346

CARD TABLE

CHAISE LONGUE

CHINA CLOSET

COUNCIL BOARD

DOUBLE BED

DRAFTING TABLE

DRAWING TABLE

ESCRITOIRE

FIGHTING CHAIR

FLAT BENCH

LAWN FURNITURE

MEDICINE CHEST

POUF

READING LAMP

RECEPTION DESK

SECTIONAL

SHERATON

SIEGE PERILOUS

SOFA BED

STRAIGHT CHAIR

UPPER BERTH

VERTICAL FILE

```
Q S D R A W I N G T A B L E
D I P M A L G N I D A E R L
R E C E P T I O N D E S K I
A G E D S E N X C D M F S F
O E R I E S O H A E F I O L
B P I C C O T T R B L G F A
L E O I T L A R D E A H A C
I R T N I C R E T L T T B I
C I I E O A E B A B B I E T
N L R C N N H R B U E N D R
U O C H A I S E L O N G U E
O U S E L H O P E D C C M V
C S E S U C M P K O H H A P
E R U T I N R U F N W A L O
S T R A I G H T C H A I R U
E L B A T G N I T F A R D F
```

Solution on Page 347

ARRANGEMENT

BASS DRUM

BERLIN

BONGO

BOSTON

BRASS

CELESTA

CHORAL

CLASSICAL

DOUBLE BASS

DRUMSTICK

ENGLISH HORN

FIRST VIOLIN

FLUGELHORN

FRENCH HORN

GLOCKENSPIEL

GONG

KETTLEDRUM

MELODY

MOUTHPIECE

OBOE

ORCHESTRATION

PERCUSSION

PHILHARMONIC

SECOND VIOLIN

SONATA

TAMBOURINE

```
D R U M S T I C K B U S H O
S I A R R A N G E M E N T G
Y D O L E M M O B E R L I N
K M G R E B U R C O S E P O
D U N F O O R C H M S I H B
P R R B I U D H O O A P I F
E D O G C R S E R U B S L L
R E H N E I S S A T E N H U
C L H O L N A T L H L E A G
U T C G E E B R V P B K R E
S T N A S B R A Y I U C M L
S E E T T Z A T L E O O O H
I K R A A V S I U C D L N O
O Q F N O T S O B E H G I R
N I L O I V D N O C E S C N
V M U S L A C I S S A L C M
```

Solution on Page 347

AGGIES

AMBASSADORS

AMCATS

ANTEATERS

ANTELOPES

ARCHERS

BATTLERS

BOILERMAKERS

COMMODORES

COUGARS

CRUSADERS

FIGHTING IRISH

GRIZZLIES

HAWKEYES

LEATHERNECKS

MEAN GREEN

MIDSHIPMEN

NITTANY LIONS

OREDIGGERS

PATRIOTS

RAMS

ROYALS

SAINTS

SEMINOLES

TIGERS

WOLVERINES

ZIPS

College Teams

```
W O L V E R I N E S E A Q P
Q O R E D I G G E R S G R D
C R U S A D E R S E S G A G
S O J D S U O H R T O I M R
R Y S E N D S A E A V E S I
A A R P O K R W K E N S K Z
G L U M I V E K A T M R C Z
U S M J L Z H E M N I O E L
O O R R Y C C Y R A D D N I
C M E A N G R E E N S A R E
S T N I A S A S L S H S E S
F I G H T I N G I R I S H T
S R E L T T A B O E P A T A
P A T R I O T S B G M B A C
S E M I N O L E S I E M E M
C T B S E P O L E T N A L A
```

Solution on Page 347

ALPACA

BUFFALO

CAMEL

CANARY

CATS

CHICKENS

COCKATIEL

DONKEYS

DOVE

DUCK

ELEPHANT

FERRET

FINCH

GEESE

GOATS

GOLDFISH

GOOSE

GUINEA PIG

HAMSTER

HONEY BEE

HORSE

LLAMA

MOUSE

PET

PIGEON

RABBIT

REINDEER

SHEEP

SWAN

TURKEY

YAK

Domesticated Animals

```
W D M T L C K V Q I D F B Z
Y X C A U G O O S E C M L P
J J N H S I F D L O G T S O
I G X D T A F Q C A D B T Q
G C E E O N F K H A F U A H
U L A E D N A I A S N F C Q
I Z C B S T K H N Y X A U K
N K A Y I E S E P C M F R B
E B P E D G K S Y E H N F Y
A T L N Y C R Y L S L O E E
P L A O I R E E D N I E R K
I J S H T U A S T A O G R R
G W C O I I M B U S D I E U
I Z R R S W A N B O M P T T
G E T S T B L O V I M A T O
S H E E P E L E P E T X H N
```

Solution on Page 347

AMPHITHEATRE

BENCH

BIKERS

CANOE

COTTON CANDY

DODGEBALL

FERRIS WHEEL

FOOTBALL FIELD

GAZEBO

GRASS

JOGGERS

KITE

LANDSCAPE

LAWN

MERRY-GO-ROUND

PADDLE BOATS

PICNIC

PLAYGROUND

POND

RECREATION

ROSES

SANDBOX

SKATEBOARD

SNOW CONES

SOCCER FIELD

TENNIS COURTS

TETHERBALL

TRASH CAN

TREES

WOODS

```
D F E R R I S W H E E L P S
N T E T H E R B A L L Z A S
O R E D I D L K I T E N D J
I E R N L L A B E G D O D W
T E T U N E N T H B O C L M
A S A O A I D H O W I D E D
E N E R C F S X C N O R B L
R O H G H L C C C N R A O E
C W T Y S L A I O Y E O A I
E C I A A A P W G U K B T F
R O H L R B E O N D R E S R
C N P P T T R O S E S T S E
A E M B J O G G E R S A S C
N S A L U O B E Z A G K A C
O P O N D F B I K E R S R O
E Y D N A C N O T T O C G S
```

Solution on Page 348

ADAKITE

ANDESITE

APLITE

BASANITE

CHALK

COAL

DACITE

DIAMOND

DIORITE

DOLOMITE

FLINT

FOSSIL

GABBRO

GNEISS

GRANITE

IGNEOUS

JADE

LIMESTONE

MAGMA

MINERALS

MUDSTONE

OBSIDIAN

PEBBLE

PHYLLITE

QUARTZITE

RHYOLITE

SANDSTONE

SCORIA

SEDIMENT

SHALE

SILTSTONE

SLATE

TONALITE

TUFF

TURBIDITE

VOLCANIC

T N I L F Q E T I N A R G J
N Z C O A L U L I S S O F A
E N O T S D N A S I D E E D
M K E T I C A D R L E T L E
I G N E O U S K S T I I A N
D I A M O N D C I S Z D H O
E M U D S T O N E T P I S T
S L A T E R A D V O E B T S
R C P R I S N O O N P R T E
G H H A A A B L L E E U O M
A A Y B O S A O C G T T N I
B L L O I P U M A N I M A L
B K L D L I M I N E R A L S
R M I I U I S T I I O G I L
O A T U F F T E C S I M T U
N E E E L B B E P S D A E H

Solution on Page 348

ACTION FIGURES

ARMY MEN

BALL PIT

BOARD GAMES

BOW AND ARROW

DRUM

EASY-BAKE OVEN

ERECTOR SET

FRISBEE

GLOW WORMS

JACKS

JUMP ROPE

LEGOS

LINCOLN LOGS

MICROSCOPE

MODEL RAILROAD

POGO STICK

PRETEND

PUPPET

PUZZLE

RACETRACK

RUBBER DUCK

SOCCER BALL

TINKERTOYS

TRAMPOLINE

WALKIE TALKIES

YO YO

```
S E I K L A T E I K L A W V
K E R E C T O R S E T S N T
K C R B E P O R P M U J N R
J C A U O E L E G O S P E A
D L U R G A B B F D M Y V M
T T I D T I R S W E U L O P
E I E N R E F D I L R L E O
S N P P C E C N G R D A K L
M K O L P O B A O A F B A I
R E C Y L U L B R I M R B N
O R S A O A P N U L T E Y E
W T O X J Y B Z L R R C S L
W O R R A D N A W O B C A Z
O Y C N E M Y M R A G O E Z
L S I P R E T E N D S S P U
G Z M P O G O S T I C K I P
```

Solution on Page 348

AMP

ANALOG

BATTERY

BOARD

CAPACITORS

CHIP

CIRCUIT

COMPONENTS

COMPUTERS

CONDUCTOR

CONNECTION

CURRENT

DESIGN

DIAGRAM

DIGITAL

DIODES

ENGINEER

GROUND

INDUCTORS

INTEGRATED

LED

LOGIC

NEGATIVE

PARALLEL

POSITIVE

POWER

RESISTANCE

SCHEMATIC

SERIES

SIGNALS

SILICON

SUBSTRATE

TRANSISTOR

WIRES

Electronic Circuits

```
W I R E S C H E M A T I C S
L E L L A R A P S C Y A I L
A S N W W G X U O E P C G A
T H R Y R A B N D A R H O N
I Y I O R S N N C O E I L G
G D U E T E O I T D S P E I
I N W R C C T C P R I C V S
D O A T I O U T M A S I I P
P T I L R D M D A O T R T O
E O I S N P M P N B A C A S
N S G O L A N A O I N U G I
G E C U R R E N T N C I E T
I D S G D E T A R G E T N I
S O A D J R E E N I G N E V
E I L R O T S I S N A R T E
D D E L R C O M P U T E R S
```

Solution on Page 348

ACCELERATOR

ASHTRAY

BEEP

BRAKE LIGHTS

BYROAD

CART TRACK

CONGESTION

CRUISE CONTROL

DART

DOWNSHIFT

ENGINE PARTS

EXHAUST SYSTEM

HEADLIGHTS

LOW RIDER

LUMINA

OIL CHANGE

OMNI

PACER

PONY CAR

PRIVATE ROAD

RAIL LINE

RANSOM OLDS

SPEED LIMIT

STEAM POWER

STOPLIGHT

STRUTS

TRANS AM

TURBOCHARGED

WATER PUMP

```
O R E D I R W O L U M I N A
I E O N H R N T R A N S A M
L W M H E A D L I G H T S D
C O P R Q N E S E V A O P O
H P R O C S G T X S I P O W
A M I T O O R H H T G L N N
N A V A N M A G A R W I Y S
G E A R G O H I U A A G C H
E T T E E L C L S P T H A I
N S E L S D O E T E E T R F
I T R E T S B K S N R D T T
L U O C I N R A Y I P A T R
L R A C O T U R S G U O R E
I T D A N R T B T N M R A C
A S H T R A Y B E E P Y C A
R S P E E D L I M I T B K P
```

Solution on Page 349

AMERICA

APPALACHIANS

BLACK BEARS

BLUE RIDGE

CHEROKEE

CLINGMANS DOME

COVE

DEER

DOLLY PARTON

ELEVATION

EXPLORATION

FAUNA

FOOTHILLS

FORESTS

MARKS KNOB

MOUNT LE CONTE

MOUNT STERLING

MOUNTAIN RANGE

NATIONAL PARK

NORTH CAROLINA

PEAKS

PIGEON FORGE

RAFTING

SNOW

SOUTH

TRAVEL

TREES

UNITED STATES

```
Z U N I T E D S T A T E S S
C S N A I H C A L A P P A K
M O U N T A I N R A N G E A
G O V N O I T A R O L P X E
B N U E G R O F N O E G I P
C L I N G M A N S D O M E I
H E A L T D R M A N U A F B
E L F C R L I A E L O L D O
R E O O K E E R F R P W E N
O V Q F R B T C E T I A E K
K A R T R E E S O U I C R S
E T H T U O S A T N L N A K
E I L E V A R T R N T B G R
F O O T H I L L S S U E Q A
A N I L O R A C H T R O N M
N O T R A P Y L L O D X M V
```

Solution on Page 349

ALARM

APRIL

ATOMIC

BEAT

BIG BEN

CALENDAR YEAR

CHRONOMETER

DECEMBER

DIGITAL

FEMTOSECOND

FINANCIAL YEAR

FORTNIGHT

HANDS

LEAP YEAR

MAINSPRING

METONIC CYCLE

MICROSECOND

MILLENNIUM

MILLISECOND

MINUTES

MOMENT

NANOSECOND

PICOSECOND

POCKET WATCH

SECONDS

SOLAR YEAR

STOPWATCH

TIME CLOCK

WATER

```
F R A E Y R A L O S T A E B
M I L L I S E C O N D L T C
A P N S T O P W A T C H A H
I L E A P Y E A R Y G L S R
N F R M N D Q H C I E D S O
S K E O Z C S C N N N G D N
P C B M Y W I T D A A D N O
R O M E T N R A H Y N I O M
I L E N O O R W L O O G C E
N C C T F Y S T C Y S I E T
G E E K E E N E A M E T S E
A M D A T E S K C D C A O R
L I R U B O S C K O O L R E
A T N G C I M O T A N M C T
R I I I L I R P A P D D I A
M B P M I L L E N N I U M W
```

Solution on Page 349

AZTECS

BIOFUEL

CEREAL

COOK

CORNMEAL

CROP

CULTIVATE

EARS

ETHANOL

FARMING

FIELDS

FOOD

GENETICS

GRAIN

GRITS

GROUND

HARVEST

HOMINY

HUSK

INDIAN

KERNELS

MAYANS

MEXICO

MILL

OIL

PLANT

POPCORN

SEASON

SEEDS

STAPLE

STARCH

SWEET CORN

TASSEL

TORTILLA

TRADE

VARIETIES

VEGETABLE

YELLOW

Maize

```
T N A I D N I H U S K N C T
R T S L H C R A T S T I R G
A L A E M N R O C X A D O Z
D I V S E S N U C L F K P E
E O E S K D L A L P E F M V
B N G A S T S I Z R O L A Y
I R E T I C T E N T F P Y E
O O T V A R I E T I E S A L
F C A P O R L T E H A C N L
U T B T C S F L E G A R S O
E E L S I C D Y L N Z N G W
L E E E X S N D T I E A O J
P W R A E I U S N M M G C L
A S T S M A O H A R V E S T
T A K O O C R L L A E R E C
S F H N V R G S P F O O D N
```

Solution on Page 349

ACTIVITIES	MUSIC
ADDITION	NUMBERS
ART	PARENT
BLOCKS	PLAY
BOOKS	PRESCHOOL
BUS	PRINCIPAL
CENTERS	READING
CHILDHOOD	SINGING
CHILDREN	SKILLS
CLASSROOM	SOCIAL
DRAWING	SONGS
EDUCATION	STORY
ELEMENTARY	STUDENTS
FUN	TEACHERS
INTERACT	VOCABULARY
KIDS	WRITING
LANGUAGE	YOUNG
LEARNING	
LINE	
MATH	

```
I N T E R A C T M S O N G S
G C H I L D H O O D F T G Y
N H N O M E O G N I T I R W
I S O A U R M S L L I K S A
G K I W S T N E D U T S J C
N C T S I U L A N G U A G E
I O A A C T I V I T I E S N
S L C V O C A B U L A R Y T
C B U Y O U N G O G M R K E
H A D D I T I O N P J A Y R
I Q E N I L H I K I D S T S
L L A P I C N I R P W A N H
D Y A Z S R E B M U N A E P
R A T E A C H E R S T O R Y
E L R E A D I N G F U N A D
N P L A I C O S K O O B P F
```

Solution on Page 350

AIR MASS

BLIZZARD

BLOWING SNOW

CLEAR

DEW POINT

DUST STORM

FLASH FLOODING

FROST

GALE

HAIL

HAZE

HIGH PRESSURE

HOT

HURRICANE

JET STREAM

LAKE EFFECT

LOW PRESSURE

MIST

MOSTLY CLOUDY

PARTLY CLOUDY

SANDSTORM

SEA BREEZE

SLEET

THUNDERSTORM

WIND SHEAR

WIND SOCK

WINDCHILL

WINTER STORM

```
W M E R U S S E R P W O L V
G I I L A K E E F F E C T W
W N N S S A M R I A N J H I
P I I D T N L I A H A E U N
S A N D S T O R M I C T N T
D L R D O H E L A G I S D E
D L E T S O E Z A H R T E R
S I A E L O L A E P R R R S
Z H O T T Y C F R R U E S T
Q C L E A R C K H E H A T O
Y D U O L C Y L T S O M O R
T N I O P W E D O S A U R M
S I M R O T S T S U D L M J
O W U B L I Z Z A R D L F U
R S E A B R E E Z E O Y P P
F B L O W I N G S N O W O A
```

Solution on Page 350

ADOBE

ALGORITHMS

APPLE

BUSINESS

CODE

COMPUTER

DATA

DISK

DOWNLOAD

DRIVERS

FIRMWARE

FREEWARE

FUNCTION

GAMES

HARDWARE

INSTALL

INTERFACE

JAVA

LANGUAGE

LINUX

MAC

MEMORY

MICROSOFT

MIDDLEWARE

OFFICE

PHOTOSHOP

PROCEDURES

PROGRAMS

SHAREWARE

SYNTAX

SYSTEM

TOOLS

USER

WINDOWS

WORD

Computer Software

```
I P U T O O L S Y S T E M E N
N F R E E W A R E M L I S C
S S C O M P U T E R D E W I
T J E C C W P M A D M I T F
A F B C O E O V L A N U U F
L I O R A R D E G D S N E O
L R D S Y F W U O E C D R T
W M A S O A R W R T D A A J
V W P S R R S E I E I O W A
D A R E D O C O T N S L E V
R R R O N G A N I H N K N R A
I E G I P P C A M G I W A P
V J R S M P O H S O T O H P
E G A U G N A L A T A D S L
R D M B H A R D W A R E M E
S U S Y N T A X U N I L Q L
```

Solution on Page 350

AMBASSADOR

ARABIC

AUSTRIA

BUREAUCRACY

CHARTER

CONFERENCE

DISCUSSIONS

FLAG

HEADQUARTERS

HUMAN RIGHTS

INDEPENDENT

MANHATTAN

MEMBER STATES

NEGOTIATION

NORWAY

PEACEKEEPING

REFORM

REPUBLIC

SOUTH KOREA

SWEDEN

TREATIES

UNESCO

UNICEF

WORLD AFFAIRS

WORLD PEACE

WORLD WAR II

```
A W P T N E D N E P E D N I
I O Y C A R C U A E R U B S
S R N W O R L D W A R I I N
O L A I R T S U A C D U P O
U D T Y A W R O N E X N S I
T P T F E C I N U K S E T S
H E A D Q U A R T E R S R S
K A H C O N F E R E N C E U
O C N M R O F E R P J O A C
R E A H U M A N R I G H T S
E T M S W E D E N N G Q I I
A R E P U B L I C G A I E D
L M E M B E R S T A T E S N
B B T N E G O T I A T I O N
C I B A R A W C H A R T E R
R O D A S S A B M A F L A G
```

Solution on Page 350

AARON	JESSICA
ALLISON	JOSEPH
ANTHONY	JOSHUA
ASHLEY	JUSTIN
AVA	KAYLA
BRIANNA	KYLIE
CAMERON	LAUREN
CHRISTOPHER	LOGAN
DANIEL	LUKE
DAVID	MACKENZIE
DYLAN	MARIA
ELLA	MORGAN
EMILY	NATHAN
ETHAN	NICOLE
EVAN	OLIVIA
HALEY	RACHEL
ISAAC	ROBERT
JACOB	SYDNEY
JAMES	TYLER
JASMINE	WILLIAM

```
Z T L Y E N D Y S E M A J E
T R E L Y T I S A A C A T L
A A I X E R A C H E L S V L
C Q N E A N T H O N Y C U A
K C A M E R O N E L H K X I
R D D I V A D S T R E B O R
A Y A L J A S M I N E W H A
N L X Y E L H S A L Y A K M
A A R O N L T M A I L L I W
K N T E Y O B U J E V A N A
Y N H H P G O R Y O E I E A
L A P H A A A C I S S E J N
I G E I Z N E K C A M H A F
E R S A W J U S T I N H U I
M O O L I V I A Z V T N R A
R M J A C O B T N E R U A L
```

Solution on Page 351

ARIZONA

BEVERAGE

BLACK

BREWED

CHERRY

COLD

COOL

DRINK

FLAVORED

GLASS

GREEN

HONEY

ICE CUBES

INSTANT

LIPTON

MINT

NESTEA

PEACH

RASPBERRY

RESTAURANT

SNAPPLE

SOUTHERN

SPOON

STEEP

STIR

SUGAR

SUMMER

SUN TEA

SWEET TEA

SWEETENER

TEA BAGS

TEA LEAVES

UNSWEET

WATER

```
H C S D E R O V A L F D P L
O H B T K S E J K P E L M O
N E E L N N U N S W E E T O
E R V K O A I N E S T E A C
Y R E O S Q R R S T I R T I
N Y R H K W B U D W E S C S
O M A A T C E O A L Q E C X
O I G I S U A E L T C V W N
P N E H N P O L T U S A Q S
S T O U A S B S B T G E A U
S U B T P V T E E Z E L R B
C S M E P P S A R W L A I W
Q O A M L I B P N R C E Z A
O C L L E A L S N T Y T O T
H P A D G R E E N M J H N E
F Z L S U N T E A S U G A R
```

Solution on Page 351

APPLIANCES

AUTOMOBILE

BABY STORE

BANK CHECK

BORROW

BROWSE

CASH REGISTER

CHARGE

CHECKOUT

CLERKS

COMPARE

COUPONS

CREDIT CHECK

DEBIT CARD

DIRECTORY

ELECTRONICS

ESCALATOR

FOOD COURT

HAGGLE

LAYAWAY

LOAN

MUSIC STORE

NEGOTIATE

PET STORE

PRICE

RETAIL

RETURNS

SHOE STORE

SPORTING GOODS

STATIONERY

```
L A G Y R E N O I T A T S S
I U E R Y C L E R K S P A X
A T S O A A C O U P O N S T
T O C T W S B O R R O W U H
E M A C A H E I T E L O A N
R O L E Y R C I D E K G P I
O B A R A E N E R C G B P E
T I T I L G B O E L U A L T
S L O D G I T H E Q R N I A
E E R O T S C I S U M K A I
O U O C Y T E G R A H C N T
H D A B I E S W O R B H C O
S R A D E R A P M O C E E G
D B E L E C T R O N I C S E
T R U O C D O O F C K K L N
C P E T S T O R E T U R N S
```

Solution on Page 351

APPALOOSA	JOCKEY
ARABIAN	MANE
BARN	MARE
BIT	MORGAN
BLACK	MUSTANG
BREED	OATS
BRIDLE	PALOMINO
CANTER	PASTURE
CARRIAGE	PLOW
CLYDESDALE	PONIES
COLT	RANCH
DRESSAGE	RIDING
FENCE	RUNNING
FILLY	SHETLAND
FOAL	STABLE
GALLOP	STALLION
GELDING	TAIL
GROOMING	TROT
HARNESS	WHITE
HOOVES	YEARLING

```
B C S E V O O H C F T R O T
B R R E T N A C I H C N A R
P R I X J R C L P V W G F N
O T E D N A L T E H S E L A
L A L E L Y Y S D X N L H G
L K S O D E D R H C X D N R
A S J O C K E Y E A Y I O O
G A T I T S S G P E N N N M
N N R A S B D P A N O G I A
I Z I A B K A R U I W D M N
D L G M B L L R L P R O O E
I E A L O I E L N J L R L Y
R R A O N O A E R U T S A P
E C S G F T R N O A T S P C
K A Z D S I X G N A T S U M
E T I H W B S E I N O P B K
```

Solution on Page 351

BACKYARD

BARN

BIKES

BUILDING

DOORS

EQUIPMENT

FARM

GARAGE

GARDENING

HOBBIES

HOOKS

HOUSE

KEEP

LAWN MOWER

LOCKED

METAL

OUTSIDE

PAINT

PLASTIC

POTTING

ROOF

SHELTER

SHELVES

SMALL

SPACE

STEEL

STORAGE

STRUCTURE

SUPPLIES

TOOLS

VINYL

WALLS

WOODEN

WORKSHOP

```
X W G M S T O R A G E L O P
S P A C E S R F A N X L L N
E P A I N T B R N I V A O Y
D R A Y K C A B G T S M C S
I E E L Q G R L N T N S K L
S T R W E G N U I O M S E L
T L U O O E N C N P H E D A
U E T R M M T I E O O I K W
O H C K J R N S D U B L H T
Y S U S E A E W R L B P U O
M K R H S F M O A V I P K O
T O T O U Y P O G L E U I L
E O S P O I I D K C S S B S
G H C E H D U E V I N Y L P
L J P E P H Q N F O O R T E
B B I K E S E V L E H S L M
```

Solution on Page 352

ACROBATS	MAT
AIR	PADS
ATHLETE	PLAY
BOUNCING	REBOUND
CIRCUS	RECREATION
COILED	ROUND
DANGEROUS	SAFETY NET
DIVING	SCHOOL
ELASTICITY	SIT
EXERCISE	SOMERSAULT
FABRIC	SPORTS
FALLING	SPRINGS
FLIGHT	STEEL
FRAME	STRETCH
FREE	TAUT
GRAVITY	TRAINING
GYMNASTICS	TRAPEZE
HIGH	TUMBLING
INJURY	TWIST
JUMPING	

```
E M S C O I L E D D R T P L
T A P F R E E N A D W H A O
R C O R B O U N C I N G D O
A R R A C O G H S Y T I S H
P O T M B E I T T A U L O C
E B S E R G N I L L A F M S
Z A R O H H C T E R T S E Y
E T U N O I T A E R C E R R
S S C I T S A N M Y G V S U
I Y I S A F E T Y N E T A J
C A A T U M B L I N G T U N
R L A S P R I N G S H M L I
E P G R A V I T Y L P A T E
X C I R B A F O E I N T I C
E S U C R I C T N D N U O R
L E E T S X E G N I V I D Q
```

Solution on Page 352

ACHILL ISLAND

BLARNEY CASTLE

CASTLES

CELTIC MUSIC

CORK

COUNTY KERRY

DEMOCRACY

DRUID

EMERALD ISLE

FAMINE

GAELIC GAMES

GALWAY

HERO TALES

HURLING

JAMES JOYCE

JIGS

JONATHAN SWIFT

LEINSTER

LEPRECHAUN

LUCK

OSCAR WILDE

PEAT BOGS

POUND

REELS

SAINT PATRICK

SAMUEL BECKETT

SINN FEIN

WIND

YEATS

```
D D S E M A G C I L E A G G
C N A S G I J T P O U N D Y
E A I S E L A T O R E H E O
L L N W P K M E Z E U H M S
T S T Y R R E K Y T N U O C
I I P S F O S C E S I R C A
C L A E A C J E A N E L R R
M L T L M C O B T I F I A W
U I R T I R Y L S E N N C I
S H I S N E C E J L N G Y L
I C C A E E E U N D I U R D
C A K C U L V M T R S K K E
O T F I W S N A H T A N O J
P E A T B O G S Y A W L A G
X E M E R A L D I S L E B C
L E P R E C H A U N K N V X
```

Solution on Page 352

ANCESTOR	HUNTING
ANIMALS	LOST
BIOLOGY	MAMMOTH
CARE	ORGANISM
CHANGE	PAST
DEATH	PLANTS
DINOSAURS	POLLUTION
DISAPPEAR	PRESERVE
DISEASE	RAIN FOREST
DODO	RARE
ECOLOGY	SCIENCE
ENDANGERED	SPECIES
EVOLUTION	STUDY
FOSSILS	SURVIVE
GENE POOL	THREATENED
GENETICS	
GONE	
HABITAT	
HISTORY	
HUMAN	

```
P A S T S R U A S O N I D N
A N E H A B I T A T E E O A
M O C S D E A T H R R E D M
B I O L O G Y R A E A S O U
P T L E N M E R G I C A U H
L U O V R A I N F O R E S T
A L G R T R A E P P A S I D
N O Y E Y D U T S O L I M H
T V N S N N U G R L S D S U
S E G E N E P O O L L C I N
D S U R V I V E T U I H N T
L X S P E C I E S T S A A I
V H I S T O R Y E I S N G N
H T O M M A M N C O O G R G
S C I E N C E V N N F E O Y
K D E N O G S L A M I N A B
```

Solution on Page 352

ALLEY OOP

ASSIST

BANK SHOT

BENCH

BIG MAN

BLOCK

DOUBLE DRIBBLE

FAST BREAK

FIELD GOAL

FORWARD

FREE THROW

GAME CLOCK

GUARD

HOOP

JUMP SHOT

KEY

LANE VIOLATION

OFFENSE

OVERTIME

PERIMETER

POST

SCOREBOARD

SHOT CLOCK

SUBSTITUTIONS

SWISH

TECHNICAL FOUL

THREE POINT

TIMEKEEPER

TRAVELING

UP AND DOWN

```
G A M E C L O C K S T B H O
E B Y E K F F P C N E I S O
W L Z Y W A O E O O C G I V
A O B B N S R R L I H M W E
L C R B O T W I C T N A S R
L K B H I B A M T U I N C T
E T A G T R R E O T C U O I
Y O N N A E D T H I A P R M
O H K I L A E E S T L A E E
O S S L O K S R L S F N B K
P P H E I P N S F B O D O E
O M O V V G E H I U U D A E
O U T A E U F E C S L O R P
H J R R N A F V R N T W D E
P O S T A R O C J H E N D R
L F I E L D G O A L T B E S
```

Solution on Page 353

ADDRESS	LINKS
AL GORE	MAINFRAME
AOL	MILITARY
APPLE	MODEM
ARPANET	NETSCAPE
BRIDGES	NETWORKS
CABLE	ONLINE
CERN	PACKETS
COMPUTERS	PHONE
CONNECTION	PROTOCOL
DARPA	RESEARCH
DATA	ROUTER
DIGITAL	SYSTEM
E-MAIL	TECHNOLOGY
GATEWAYS	TELEGRAPH
GLOBAL	URL
GOOGLE	WEB
GOPHER	WWW
HARDWARE	
INTERNET	

```
Q P B G L O D A R P A S H T
R Y H L E N I L N O O F H E
E L G O O G G H T N L S C N
T W E B N R I P A E Y S R A
U S Y A W E T A G T R E A P
O N G L W H A R D W A R E R
R E O U W P L G C O T D S A
U T L I I O G E E R I D E L
H S O S T G O L R K L A R I
E C N E W C R E N S I U M N
M A H G S R E T U P M O C K
O P C D M A I N F R A M E S
D E E I N T E R N E T F L L
E D T R L O C O T O R P P F
M C A B L E S T E K C A P S
U F L I A M E T S Y S S A H
```

Solution on Page 353

ALUMINUM

BATTERIES

BINS

BOTTLES

CANS

CARDBOARD

CENTER

COLLECTION

COMPOST

CONSUMER

CONTAINER

EARTH

ECOLOGY

ENERGY

GARBAGE

GLASS

GREEN

LANDFILL

MATERIALS

METALS

MONEY

NEWSPAPER

PACKAGING

PLANET

PLASTICS

POLLUTION

RECYCLE

REDUCE

RENEW

RESOURCES

REUSE

SALVAGE

SAVING

SORTING

STEEL

TEXTILES

TRASH

```
R M S A V I N G P V S N I B
E R E M U S N O C A N S O G
U C D T S E L I T X E T N N
S C O S A L V A G E T I E Y
E O N L U L P S I L T E G V
R M Y T L L S H E R R R N X
L P I G A E S S O G E S I A
A O R N O A C S S N N T G L
N S E E R L E T E F I E A U
D T S T T G O W I M A E K M
F H O A A N S C R O T L C I
I T U B L P E E E N N C A N
L R R X A G D C T E O Y P U
L A C P Q U Z U T Y C C I M
G E E S C I T S A L P E R T
R R S E C A R D B O A R D S
```

BALD	HAIRCUT
BARBER	HEAD
BLACK	KERATIN
BLOND	LENGTH
BODY	LONG
BROWN	PERMANENT
BUN	RED
CLIP	ROOT
COMB	SCALP
CONDITION	SCISSORS
CURLY	SET
CUTTING	SHAVING
DERMIS	SHORT
DYE	SOFT
EYELASHES	STRAIGHT
FINE	STYLE
FOLLICLES	TEXTURE
GEL	WASH
GRAY	WAVY
GROWTH	WIGS

B H I H L H C G X M S L Y G
W A V Y S U U N L Z O E C R
I P L A C S H A V I N G T O
G G W D K E R A T I N F H W
S V K Z X D E O C N O T G T
G S Z C A N B U S S W N I H
N H J E A O R G N S I O A V
O O H L D L A U E T I I R P
L R I Y Y B B H T L R C T B
C T E T A N S U T C O O S D
F H S S I A C E U G A M T D
Q T L I L D X T Q R A B E B
E G O E M T N E N A M R E P
X N Y O U R Y O D Y E K I Y
P E I R R S E L C I L L O F
D L E F L B U D M A C T Q U

Solution on Page 353

AIRCRAFT

AIRPLANE

ASSEMBLY

BALSA WOOD

BUILDING

CHILDREN

CONSTRUCT

CONTROL

ELECTRIC

ENGINE

EXPENSIVE

FIBERGLASS

FLIGHT

FOAM

FUSELAGE

GLIDER

HELICOPTER

HOBBY

JETS

KITS

MILITARY

MINIATURE

MODELS

MOTOR

NONFLYING

PAINT

PARTS

PILOT

PLASTIC

PROPELLERS

ROCKET

SCALE

TAIL

TOYS

WINGS

```
X J N O N F L Y I N G B O F
T S R E L L E P O R P K D E
G E Y E N E N A L P R I A L
Q L V O T G T E K C O R I E
B W I I T P I R O T O M R C
A P I D S C O N S T R U C T
L A I N E N T C E R M Y R R
S S A L G R E B I F O B A I
A S A V O S N P T L D B F C
W E I L O T E E X I E O T A
O M I N I A T U R E L H V T
O B U I L D I N G D S T E J
D L I A T O F U S E L A G E
Z Y R A T I L I M T N I A P
S C A L E M A O F L I G H T
K I T S T R A P L A S T I C
```

Solution on Page 354

ANTS	GAMES
BBQ	GRASS
BEER	GRILL
BLANKET	HIBACHI
BREAD	HOT DOGS
BUNS	KIDS
CAKE	MEAT
CATCH	NAPKINS
CHEESE	OLIVES
CHICKEN	OUTDOOR
COLAS	PARK
COOKOUT	PICKLES
COOLER	PICNIC
CORN	RADIO
CUPS	SAUCE
FAMILY	SHELTER
FIRE	SKEWERS
FLAME	STEAKS
FOIL	THERMOS
FRUIT	TONGS

```
A I H W E C B W L D W S C P
L L I R G S A L O C M B C A
S E B R W S P T T I P A R K
B A A E O C H U C I D B B G
Y O H S B A D K L O E R R F
A R I I R R L T E T B E F I
B N S L C E E F U D E K S R
B E E R S K W A N O S R N E
Q D V C N O E E D G K F U L
P A I A I N M N K S A O B O
L Q L D K N G R D S E N O O
S B O K P R C I E C T M T C
Y L I M A F K I U H S E A S
I T I S N C V A P I T A R G
X K S Z V V S G N O T T A N
```

Solution on Page 354

ACES	HEARTS
BETTING	JOKERS
BLUFF	KING
BRIDGE	MELD
CANASTA	MONEY
CARDS	OLD MAID
CASINO	PINOCHLE
CHEAT	PLAYERS
CLUBS	PLAYING
CUT	POKER
DEALER	QUEEN
DECKS	RULES
DIAMONDS	RUMMY
DRAW	SHUFFLE
EUCHRE	SOLITAIRE
FAMILY	SPADES
GAMBLING	SUITS
GIN	TRICK
GO FISH	WAGER
HANDS	WINNER

```
M Y W J B U J O T R I C K T
E K J A U F R E G A W M S D
L A O M R H O N I S A C B J
D C K X E D I I N Y M M U R
E E E A L Y P I N O C H L E
C S R A A F A M I L Y T C L
K T S L E T M G S D N A H F
S I P D D O N G U M N T J F
L U L G N I L B M A G G L U
Q S A E T O R L S I I O F H
S U Y T W U M T W D B F R S
W D E F L K A A F R U I E P
K B R E R I A T I L O S K A
A N S A N N T D B D D H O D
T A E H C G G U C J Y S P E
L W I N N E R H C U E R G S
```

Solution on Page 354

APOLLO

ASTEROIDS

ATMOSPHERE

CONSTELLATION

EARTH

FAST

FOOD

FUTURE

GALAXY

LANDERS

MARS

MISSIONS

MOON

OXYGEN

PROBES

RADIATION

RESEARCH

SATELLITES

SCIENCE

SHUTTLE

SOLAR PANELS

SPACE ELEVATOR

SPACE RACE

SPACE STATIONS

SPACEFLIGHT

SPACESHIP

SPEED

SUN

TECHNOLOGY

TRAVEL

UNMANNED

WEIGHTLESSNESS

Interplanetary Travel

```
C R E S E A R C H D O O F L
S O L A R P A N E L S O N E
W N S S C I E N C E P L O V
M E O H T J N O T L A L I A
S G I O U A Q I H S C O T R
P Y M G M T L T T R E P A T
A X P N H L T A R E S A I H
C O U C E T H L A D T T D G
E R U T U F L L E N A M A I
S P A C E E L E V A T O R L
H S E B O R P T S L I S D F
I G A L A X Y S N S O P E E
P M I S S I O N S U N H E C
Y F A S T E R O I D S E P A
Y G O L O N H C E T V R S P
M A R S P A C E R A C E T S
```

Solution on Page 354

BARRY SANDERS

BRETT FAVRE

DEION SANDERS

DON MEREDITH

DOUG FLUTIE

DOWNS

END ZONE

ERIC DICKERSON

FIELD GOAL

FRAN TARKENTON

FUMBLE

GALE SAYERS

GOAL LINE

INTERCEPTION

JOE THEISMANN

JOHNNY UNITAS

KICKING

PADS

PEYTON MANNING

PUNT

SHOTGUN

TACKLE

TERRY BRADSHAW

WALTER PAYTON

WISHBONE

```
B R E T T F A V R E P A D S
N B B A R R Y S A N D E R S
N N O T Y A P R E T L A W S
A O J O H N N Y U N I T A S
M E S E I T U L F G U O D R
S N S R L A O G D L E I F E
I I N T E R C E P T I O N Y
E L W P L K I C K I N G O A
H L O U B E C N U G T O H S
T A D N M N W I S H B O N E
E O Q T U T E N D Z O N E L
O G C C F O K T A C K L E A
J S R E D N A S N O I E D G
A W A H S D A R B Y R R E T
U G N I N N A M N O T Y E P
S H T I D E R E M N O D G N
```

Solution on Page 355

ANDERSON	JAMES
CARTER	JOHNSON
CLARK	MOORE
COLEMAN	MURPHY
COLLINS	NELSON
COOPER	PARKER
DAVIS	PERRY
DIAZ	POWELL
EVANS	REED
FLORES	RIVERA
FORD	ROGERS
FOSTER	SANCHEZ
GONZALEZ	SMITH
HALL	STEWART
HAMILTON	WALKER
HARRIS	WATSON
HAYES	WILLIAMS
HENDERSON	WILSON
HERNANDEZ	WRIGHT
HOWARD	YOUNG

```
V H W O S M I T H G N U O Y
P O W E L L M N O S T A W Y
O W M F R R M S A X Q L S W
S A O E E U W N R C S F E I
J R E T R A C I N C R L Y L
D D S P L H V L O L E O A L
J O H K E E K L T A G R H I
F Y E Z R R E O L R O E E A
X R H A E M R C I K R S N M
W S A K A N J Y M N R D D S
Z N R N G O N Z A L E Z E T
T A R R H S L N H R P S R E
P V I N W L D X S D O I S W
A E S D A E R O O M O V O A
Y O O H Z N N Q G M C A N R
N O S L I W R I G H T D P T
```

Solution on Page 355

APPENDIX

ARTERIES

BLOOD

BONES

BRAIN

CHEST

CHIN

COLON

ESOPHAGUS

FEMUR

FINGERS

GALLBLADDER

GLANDS

HEEL

HIP

JUGULAR

KNEE

LIVER

MAMMARY GLAND

MOUTH

NAIL

NERVES

OVARY

PALM

PANCREAS

SCALP

SHIN

SHOULDER

SPINAL CORD

SPLEEN

THIGH

THORACIC DUCT

THROAT

THYMUS GLAND

THYROID GLAND

TOES

TONGUE

TOOTH

WRIST

```
T S I R W Z N I H S E O T R
O P L A C S U G A H P O S E
O H T A O R H T P A L M G D
T G S Z R E C H I N A I N D
H I E E U G N O T M D A O A
Y H H B M N C R M R L O A L
M T C R E I H A O G L P R B
U C O E F F R C D B P A O L
S B L V J Y L I V E L N S L
G R O I G A O C N U E E H A
L A N L N R N D G S I R O G
A I A I Y E I U J R E V U N
N N P H E X J C E H E E L A
D S T L M O U T H Y N S D I
H I P A N C R E A S K N E L
G S S D N A L G T O V A R Y
```

Solution on Page 355

AEROBICS

BARBELLS

BIKES

CARDIO

CLASSES

CYCLE

DUMBBELLS

ELLIPTICAL

EQUIPMENT

EXERCISE

FACILITY

FEES

FITNESS

GOLD'S GYM

GYMNASIUM

HEALTH

INSTRUCTOR

MACHINES

MEMBERSHIP

MUSCLE

PILATES

POOLS

SAUNA

SPORTS

STEAM

SWIMMING

TRAINERS

TRAINING

TREADMILLS

WEIGHTS

WELLNESS

WORKOUT

YMCA

YOGA

```
G N I N I A R T U O K R O W
Y S E E F B A R B E L L S E
M E M B E R S H I P O O C F
N N W E L L N E S S E K I B
A I E O L G E L C S U M B T
S H I I I N S T R U C T O R
I C G D P I L A T E S F R E
U A H R T M L C O L E F E A
M M T A I M E B Q C S F A D
M T S C C I B X L Y S A F M
A G O Y A W B S E C A C I I
E P O O L S M N P R L I T L
T N E M P I U Q E O C L N L
S V M Y G S D L O G R I E S
A N U A S R E N I A R T S N
D M H E A L T H A C M Y S E
```

Solution on Page 355

APPS

AUDIO

BATTERY

BUSINESS

COMPUTER

DESIGN

DEVICE

DISPLAY

EBOOKS

ELECTRONIC

GADGET

GAMES

INNOVATION

INTERNET

IPHONE

IPOD

ITUNES

JAILBREAK

LAPTOP

MAC

MEDIA

MOBILE

MOVIES

MULTI-TOUCH

MUSIC

PHOTOS

POPULAR

PORTABLE

SAFARI

SCREEN

SOFTWARE

STEVE JOBS

TABLET

TECHNOLOGY

VIDEO

WEB

WIFI

WIRELESS

```
S  M  H  M  J  W  I  R  E  L  E  S  S  Z
C  P  O  C  K  A  E  R  B  L  I  A  J  T
R  R  P  B  U  I  N  T  E  R  N  E  T  E
E  E  Y  A  I  O  S  C  P  O  T  P  A  L
E  T  A  S  Y  L  T  Y  R  E  T  T  A  B
N  U  L  I  G  R  E  I  E  O  I  D  U  A
O  P  P  N  O  A  V  P  T  C  M  S  P  T
E  M  S  N  L  L  E  O  M  L  I  V  A  R
D  O  I  O  O  U  J  D  W  N  U  V  T  O
I  C  D  V  N  P  O  B  E  I  S  M  E  P
V  I  M  A  H  O  B  S  B  R  K  D  G  D
I  S  O  T  C  P  S  C  Z  A  O  E  D  G
F  U  V  I  E  R  A  W  T  F  O  S  A  A
I  M  I  O  T  M  E  D  I  A  B  I  G  M
W  A  E  N  O  H  P  I  C  S  E  G  O  E
B  M  S  O  T  O  H  P  I  T  U  N  E  S
```

Solution on Page 356

AIR BAGS

ALERT

BRIGHT CLOTHES

BUDDY SYSTEM

BURN

CLOTHING

CROSSING GUARD

CROSSWALK

DOCTOR

FIRE ALARM

FIRST AID

FLASHLIGHT

LADDER

LIFEGUARD

LIFE JACKET

LOCK

PADS

PARENT

POLICE OFFICER

SCHOOL ZONE

SEAT BELT

SIGNAL

SIREN

SMOKE DETECTOR

SPRINKLER

STOP DROP ROLL

STOP SIGN

TEACHER

TRAFFIC LIGHTS

```
K L L O R P O R D P O T S M M
M K S C H O O L Z O N E T R
C E C R P A R E N T H N H A
R S T O P S I G N T R U G L
O E L S L L S R O U T G I A
S A C S Y I I L B H S F L E
S T S I G S C F G A E I C R
W B D N F T Y I E J G R I I
A E A G H F L D A G O S F F
L L P G A H O C D T U T F R
K T I U S L K E C U E A A E
T R P A X E E O C A B I R D
B Y L R T M D R C I E D T D
G F W D G N I H T O L C S A
S M O K E D E T E C T O R L
S I R E N R E L K N I R P S
```

Solution on Page 356

ATTORNEY	LAWYERS
BAIL	LEGAL
BILL	ORDER
BOOKS	PLAINTIFF
CASE	PLEA
CIVIL	POLITICS
CONTRACTS	PRECEDENT
COURTROOM	PRISON
CRIMINAL	REGULATION
DECISION	RIGHTS
DEFENDANT	SCHOOL
ECONOMICS	SENTENCE
EVIDENCE	SHERIFF
FINES	SOCIETY
GAVEL	STATUTE
GUILTY	SUE
JAIL	TORT
JUDGES	WITNESS
JUDICIARY	
JUSTICE	

```
E C N E T N E S H E R I F F
D Y N V L E G A L U F M T R
X E B I G D E C I S I O N G
A N F D S T C A R T N O C S
E R L E T N E D E C E R P C
L O I N N J U D G E S T E H
P T V C T D E L U I K R T O
R T I E O L A S L V O U U O
I A C G R F A N A I O O T L
S S E N T I W N T C B C A A
O O A J U D I C I A R Y T W
N C A Y E C O N O M I C S Y
B I X L P L A I N T I F F E
L E C I T S U J R E D R O R
S T H G I R P O L I T I C S
P Y T L I U G A V E L I A B
```

Solution on Page 356

ADVENTURE	MUFASA
AFRICA	MUSICAL
ANIMATION	NALA
BROADWAY	OUTLANDS
CARTOON	PLAY
CHILDREN	PRINCE
CLASSIC	PUMBAA
CUB	RAFIKI
DISNEY	SARABI
FAMILY	SCAR
FATHER	SHENZI
FILM	SHOW
HAMLET	SIMBA
HYENAS	SONGS
JUNGLE	STAMPEDE
KINGDOM	STORY
LIONS	THEATER
LOVE	TIMON
MEERKAT	WARTHOG
MOVIE	ZAZU

The Lion King

```
E Z F R H Y E N A S P B U C
X D M B E C L E C N I R P I
T E L M A H C I T B L O H K
T G I N O I T A M I N A P I
A I F B S L Z A O A D D E F
M L M S A D K N F V F W L A
S L A O F R S I E X O A G R
A L Y N N E A N N H L Y N C
C A J G X N T S S G S E U C
I C G S O U T L A N D S J Y
R I W A R T H O G E V O L R
F S Y E N S I D P L Y O M O
A U I E I V O M E E R K A T
Z M X M S C A R T O O N I S
Z A Z U B T H E A T E R U T
M U F A S A A B M U P L A Y
```

Solution on Page 356

AGING

BABY OIL

BEAUTY

BIKINI

BOOTHS

BRONZER

COLOR

COPPERTONE

DARK

EXPOSURE

FRECKLES

HEALTH

HOT

LOTION

PALE

PROTECT

RELAXING

RESORT

SALON

SPF

SUMMER

SUNBATHING

SUNBURN

SUNGLASSES

SUNLIGHT

SUNSCREEN

SWIMMING

UV RAYS

VITAMIN D

WRINKLE

```
C G N I M M I W S A L O N H
O G N P T A H T B O O T H S
P O V I T A M I N D T C U T
P H K K H E A L T H L E V B
E S H N O T O Y G S E T R I
R K R E T M A I T S S O A K
T T O E G K L B T U N R Y I
O R L R B N A O N Z A P S N
N E O C U G B G E U R E B I
E M C S I O L R X Q S R B P
L M U N E A R I P A L E K W
K U G U S R A N O I T O L P
N S I S P F J S S Y C K L K
I N E N R U B N U S B W R F
R S S E L K C E R F Q A U P
W L G N I X A L E R D R B S
```

Solution on Page 357

ACTING

APOLLO

AWARDS

BEST ACTOR

BIG

CAST AWAY

CELEBRITY

CHARACTER

COMEDIAN

DIRECTOR

DRAGNET

FAMOUS

FATHER

FILM

FORREST

FUNNY

GREEN MILE

GUMP

HOLLYWOOD

LOVE

MEG RYAN

MOVIES

OSCARS

PRODUCER

RICH

RITA

ROLE

SEATTLE

SPLASH

STAR

TALENT

TELEVISION

TERMINAL

TOY STORY

VOICE

WOODY

```
A G Q L O V E L T T A E S Y
C T U T S R A C S O T H A A
T W I M Y A P E Z R E S G R
I E B R P T R F S D R A W A
N I L O G R I E U Y M L O T
G L L E O R O R H N I P O S
C L C F V T E D B T N S D Y
O H I A A I M E U E A Y Y M
M O A T S M S O N C L F D D
E L O R N T O I V M E E I F
D L O I A E A U O I I R C I
I Y L C Z C L W S N E L P L
A W T H W P T A A C C S E M
N O D R A G N E T Y I I P A
R O T O Y S T O R Y O M N L
A D S N A Y R G E M V N M L
```

Solution on Page 357

APPARATUS

APPLIANCES

BATTERY

BLACKBERRY

BLUETOOTH

CAMERA

CELLULAR

COMPUTERS

CONTRAPTIONS

DEVICES

DOOHICKEY

DVD

ELECTRONICS

FLAT PANEL

GEEKS

GPS

INFRARED

INNOVATION

INSTRUCTIONS

IPOD

LAPTOP

MINIATURE

MUSIC

PLASMA

PORTABLE

SLEEK

SMALL

TECHNOLOGY

TOYS

TUNER

VIDEO

WALKIE TALKIE

```
L E N A P T A L F V I D E O
A I I N S T R U C T I O N S
M W N K T E C H N O L O G Y
I F M F L P O T P A L H C S
N N Y T R A N R D O P I E R
I M N F B A T T E R Y C L E
A B U O A L R E N U T K L T
T P L S V P A E I P B E U U
U O P U I A P C D K C Y L P
R R I L E C T A K T L Z A M
E T I H I T I I R B O A R O
C A M E R A O O O A E Y W C
M B D V D L N O H N T R S G
S L E E K I S C T P K U R A
D E V I C E S P E H O G S Y
P L A S M A L L G S K E E G
```

Solution on Page 357

ARTHUR MILLER	THE CRUCIBLE
ASSASSINS	TOM STOPPARD
BETRAYAL	
BUS STOP	
GARY SINISE	
GORE VIDAL	
HURLYBURLY	
JULIE NEWMAR	
LA TURISTA	
MAME	
MARTIN SHORT	
MISS SAIGON	
MY FAIR LADY	
NO EXIT	
NOEL COWARD	
OEDIPUS REX	
PAUL SORVINO	
PICNIC	
SAM SHEPARD	
SAVAGE LOVE	

```
D R A P P O T S M O T E E T
R P D N L Y P E O W S Y M B
A O B E A L A L T I X E O N
W T D U D R U B N R E P N T
O S E N I U L I M Y R O C V
C S V O V B S C A D S J M D
L U O G E Y O U R A U C Q R
E B L I R L R R T L P I S A
O E E A O R V C I R I N N P
N T G S G U I E N I D C I E
A R A S S H N H S A E I S H
E A V S I E O T H F O P S S
G Y A I W V X T O Y T U A M
K A S M A M E L R M L K S A
I L A T U R I S T A H G S S
L R E L L I M R U H T R A A
```

Solution on Page 357

ASYMMETRY

BINOMIAL

COFACTOR

DENOMINATOR

DIFFERENTIAL

DISCONTINUOUS

DISTRIBUTIVE

DOMAIN

ECCENTRICITY

EVEN NUMBER

GREATER THAN

INEQUALITY

LINEAR

LOGIC

LONG DIVISION

MATRIX

MEAN

NUMERATOR

OCTAGON

ORDERED PAIR

POLYNOMIAL

POWER SERIES

RECIPROCAL

SCALAR

TRIGONOMETRY

Mathemagical

```
F R L A I M O N Y L O P D Q
E I O L A I M O N I B I G D
P A N Y R T E M M Y S A R E
O P G S C A L A R C R E E N
W D D O M A I N O O B C A O
E E I X X V B N T M C O T M
R R V F Q I T A U E C F E I
S E I N F I R N N T I A R N
E D S P N E N T A X G C T A
R R I U M E R G A I O T H T
I O O U V I O E X M L O A O
E U N E C N L I N E A R N R
S E V I T U B I R T S I D M
L K T I N E Q U A L I T Y E
C Y B R E C I P R O C A L A
Y R T E M O N O G I R T L N
```

Solution on Page 358

ACCESSORY

BASEBALL

BEANIE

BERET

BONNET

BOWLER

BRIM

CAPS

CLOTHING

COVERING

COWBOY HAT

CROWN

DERBY

DESIGN

FASHION

FEDORA

FELT

HARD HAT

HEAD

HELMET

HOOD

PANAMA

SHADE

SOMBRERO

STRAW HAT

STYLE

SUN

SWEATBAND

TOP HAT

TURBAN

VISOR

```
T O T E M L E H Z W M O D N
L P L Z D Y G U U U E I C B
O O E G N I R E V O C B R V
G S F T A H Y O B W O C H B
U T U R B A N Y S W Z E A O
C G J F T R D N L S P S R N
Z A Y D A D H E A D E E Z S
G U P E E H R P R B R C V T
S X C S W A G Y A B I U C R
F H R I S T N L M I Y K W A
T O O G E C L O T H I N G W
E O W N L F S E I N A E B H
R D N U Y T T O P H A T H A
E O A S T S T A V I S O R T
B W T H S V P A N A M A L U
O J P A S D F A R O D E F W
```

Solution on Page 358

ACID-FREE	PAPER MILL
ART	PAPYRUS
BAGS	PEN
BOOKS	PRINTING
CARBON	PULP
CELLULOSE	REAM
CUT	RECYCLE
ENVELOPE	SANDPAPER
FIBER	SHEET
GLOSSY	STATIONERY
INK	THIN
JOURNAL	TISSUE
LETTERS	TREE
LINES	WALLPAPER
MONEY	WEIGHT
NEWSPAPER	WHITE
NOTEBOOK	WOOD
PACKAGING	WRAPPING
PAGES	WRITING
PAINTING	

```
K J S R E A M E J D O O W J
N O J T E N V E L O P E G T
I A O P A P E R M I L L N B
T M U B A T A F T Z P C I O
H O R Q E P I P I R R Y T O
G N N J S T Y O S B E C N K
I E A G O R O R N W E E I S
E Y L N L E E N U E E R A G
W S S I U U P R S R N P N
R S E G L S T F A S D Y N I
I O G A L S D R E P R W O P
T L A K E I K N A C L I B P
I G P C C T I P U L P L R A
N S G A B L E T T E R S A R
G N E P P R I N T I N G C W
N W H I T E E H S N I H T D
```

Solution on Page 358

ACOUSTIC	PLUCKED
BANJO	REBAB
BOWED	SITAR
CELLO	TAMBURA
CHORD	TANBUR
DULCIMER	UKULELE
ELECTRIC	VIOLIN
FIDDLE	ZITHER
GUITAR	
HARP	
INSTRUMENT	
KACAPI	
KOTO	
LUTES	
LYRE	
MANDOLIN	
MUSICAL	
OCTOBASS	
PANDURA	
PIANO	

String Instruments

A H K R S A R U B M A T J L
N N P E A N I L O D N A M Q
M H R E H T I Z E E R R V G
Z R C S S O I K M N U U G G
S A E I M F C U A W B D B V
Q T L M R U R T G C N N V D
A I L C I T S U O C A A N C
W S O F S C C I N B T P G N
J V E N H U L E C Q A T I J
S P I O K B D U L A P S U D
Y L R O N A I P D E L K S C
A D T A L R V E B Y U T E N
I O S J H I W A R L C F T K
V V R O R O N E E M K E U G
R E B A B J Z L R Z E B L Q
Y S N G O I E E L D D I F I

Solution on Page 358

ARTIFICIAL

BEVERAGE

BOTTLED

BUBBLES

CAFFEINE

CALORIES

CANNED

CARBONATED

COKE

CORN SYRUP

CREAM SODA

DEPOSIT

DIET

DR PEPPER

DRINK

FANTA

FIZZY

FLAVORS

FOUNTAIN

GINGER ALE

GLASS

GRAPE

ICED TEA

JUICE

LEMONADE

LITER

ORANGE

PEPSI

REFRESHING

ROOT BEER

SEVEN UP

SODA POP

SPRITE

STRAW

SUGAR

SWEET

TAB

```
D H S U G A R E T I L S C V
O R A N G E I C E D T E A P
W P U R Y S N R O C G P C U
S E B Y T G P E X A P O T N
R P O T E I D R R N K P I E
O S T R R N F E I E I A S V
V I T E E G V I N T T D O E
A Y L P E E P A C N E O P S
L Z E P B R U D U I A S E E
F Z D E T A N O B R A C D L
A I R P O L F S S S A L G B
N F I R O E W M J U I C E B
T G N D R E D A N O M E L U
A H K R E F R E S H I N G B
W A R T S E I R O L A C B A
E N I E F F A C E P A R G T
```

Solution on Page 359

ADVISORS

AMEX

ANNUITIES

ARBITRAGE

ASSET

BANKING

BULL MARKET

COMMODITY

DAY TRADER

EQUITY

EXERCISE

FIXED RATES

HEDGING

JUNK BONDS

MATURE

PENNY STOCKS

PLUMMET

PROFIT TAKING

PROSPECTUS

PUT

RALLY

RATE OF RETURN

REAL ESTATE

STOCK RATINGS

THE BIG BOARD

TREASURY BILLS

VALUE

VOLATILITY

WALL STREET

```
G T S E I T I U N N A W D H
N N R U T E R F O E T A R R
I Y I E S I C R E X E L A P
K T T K A E G K Q H H L O M
N I S I A S R N U K L S B J
A L U B D T U U I Y M T G U
B I T U V O T R T G T R I N
D T C L I C M I Y A D E B K
A A E L S K N M F B M E E B
Y L P M O R W Z O O I T H O
T O S A R A M E X C R L T N
R V O R S T E M M U L P L D
A A R K F I X E D R A T E S
D L P E N N Y S T O C K S P
E U N T E G A R T I B R A U
R E A L E S T A T E S S A T
```

Solution on Page 359

ADDRESS

BLOG

BROWSER

BUSINESS

CLICK

COMPUTER

CONTENT

DESIGN

DOCUMENT

DOMAIN

EBAY

EMAIL

FACEBOOK

FORUM

GAMES

GOOGLE

HOME PAGE

HOST

HTML

HTTP

HYPERLINK

IMAGES

INTERNET

LINKS

NETWORK

NEWS

ONLINE

PLAIN TEXT

SEARCH

SERVER

SITE

SOCIAL

URL

VIDEOS

VISIT

WEB PAGES

WWW

```
W D G U B R T H F Z X N Q E
D E Z O L Y H E T P E Z G Y
H T M C O N T E N T X A A V
S E M A G G M N W R P B U I
M S O C I A L O I E E L Y S
U S K N I L R E M A R T R I
R E K S M K D O C U M E N T
O G N S G S H S P L T O F I
F A C E B O O K S U I U D O
H M K N I L R E P Y H C N Q
C I R I U D G M D S K L K D
R D E S A A O H S I I W E P
A K V U P C A O W N V S W S
E F R B R O W S E R I W I G
S S E R D D A T N G W T G Y
J W S S P L A I N T E X T E
```

Solution on Page 359

BEER

BITTERS

BLACK RUSSIAN

BLOODY MARY

BLUE LAGOON

BOURBON

CIDER

COSMOPOLITAN

GIN AND TONIC

GIN FIZZ

GRAND MARNIER

GROG

HIGHBALL

IRISH COFFEE

MAI TAI

MARTINI

MEAD

MULLED WINE

OLD FASHIONED

OUZO

ROB ROY

RYE

SCREWDRIVER

SHERRY

SHIRLEY TEMPLE

TOM AND JERRY

VODKA

WHISKEY SOUR

WHITE RUSSIAN

```
H S C R E W D R I V E R T Z
W H I S K E Y S O U R E E B
H C Y R A M Y D O O L B T L
I I H E I N I T R A M O E U
T N A I S S U R K C A L B E
E O E N Y R E D I C P D E L
R T M R O Y E Z C M K F N A
U D A A R B Z T E I F A I G
S N I M N I R T T O R S W O
S A T D F D Y U C I O H D O
I N A N A E J H O U B I E N
A I I A L E S E Z B R O L V
N G O R G I M O R A O N L O
M V I G R S H E R R Y E U D
Z H H I G H B A L L Y D M K
S C O S M O P O L I T A N A
```

Solution on Page 359

ABC	LINEUP
BASIC	MOVIES
BILL	MSNBC
BOX	MTV
BROADCAST	NETWORKS
CBS	NEWS
CHANNELS	PACKAGES
CHARTER	PREMIUM
CINEMAX	PROGRAMS
COAXIAL	PROVIDER
COMCAST	REMOTE
COMEDY	SATELLITE
DIGITAL	SERVICE
DISCOVERY	SHOWTIME
ESPN	SPORTS
EXPENSIVE	STATION
FCC	TBS
FEES	TELEVISION
FOX	TNT
HBO	VERIZON

Cable Television

```
M E T I L L E T A S B C L B
O L R E T R A H C W L A A C
V I Y L L I B R T N T S M B
I N F S A E D E P I I K U N
E E E W I V V D G C M R I S
S U E E X I Y I M T V O M M
E P S N A S D V S D B W E S
R R H O O N E O I I R T R E
V O O Z C E M R H S O E P T
I G W I I P O P L C A N S O
C R T R N X C E C O D O P M
E A I E E E N F B V C I O E
F M M V M N O W B E A T R R
A S E G A K C A P R S A T F
T B S H X O B H R Y T T S O
Z Z C O M C A S T N P S E X
```

Solution on Page 360

ACTIVITIES

ADVICE

BASSINET

BEHAVIOR

BLANKET

BOO BOO

BOUNCING

BUNDLE

BURP

CAR SEAT

COO

CRY

DAYCARE

DEPENDANT

DIAPERS

GIGGLE

GOO GOO

GRIN

HIGH CHAIR

INFANT

LAUGHTER

LITTLE

MAMA

MOTHER

NUTRITION

PACIFIER

PEDIATRICIAN

POWDER

RELATIVES

SIBLINGS

SPIT UP

STROLLER

TEETHING

TODDLER

TOYS

TRIPLETS

```
T  S  T  E  L  P  I  R  T  P  R  U  B  S
N  T  P  U  T  I  P  S  Y  O  T  L  P  R
A  R  E  L  A  T  I  V  E  S  A  A  B  E
F  O  D  A  D  V  I  C  E  N  H  U  C  P
N  L  I  M  E  B  K  T  K  M  N  G  E  A
I  L  A  A  P  S  O  E  A  D  B  H  R  I
R  E  T  M  E  G  T  U  L  E  A  T  A  D
E  R  R  R  N  N  I  E  N  E  S  E  C  F
D  E  I  I  D  I  U  G  L  C  S  R  Y  Y
W  H  C  A  A  L  E  T  G  R  I  N  A  R
O  T  I  H  N  B  T  T  R  L  N  N  D  C
P  O  A  C  T  I  V  I  T  I  E  S  G  P
O  M  N  H  L  S  G  N  I  H  T  E  E  T
G  O  O  G  O  O  B  E  H  A  V  I  O  R
P  A  C  I  F  I  E  R  B  O  O  B  O  O
J  S  O  H  T  O  D  D  L  E  R  E  J  N
```

Solution on Page 360

ALASKA

ARKANSAS

CALIFORNIA

COLORADO

DELAWARE

HAWAII

IDAHO

ILLINOIS

IOWA

KENTUCKY

LOUISIANA

MAINE

MARYLAND

MICHIGAN

MINNESOTA

MISSISSIPPI

MISSOURI

NEBRASKA

NEVADA

NEW JERSEY

NEW MEXICO

NEW YORK

OHIO

OKLAHOMA

OREGON

PENNSYLVANIA

SOUTH DAKOTA

TENNESSEE

TEXAS

UTAH

WASHINGTON

WISCONSIN

```
A D A V E N D N A L Y R A M
A T O K A D H T U O S S N I
O I C O L O R A D O N A A S
J H N E W J E R S E Y D I S
W S A A Z E B D W N C P S O
A A K D V T E M O X P M I U
K S S C I L E S M I I N U R
S N A H A X Y I S C H S O I
A A L W I L N S H E A O L Y
R K A C H N I I N X N L O K
B R O A E S G F E N I N R C
E A T S S A Z T O N E U E U
N U O I N E W Y O R K P G T
I T M H A W A I I N N L O N
A W O I W I S C O N S I N E
M J R X X O K L A H O M A K
```

Solution on Page 360

ACTION

ATOMS

BODIES

CALCULUS

DIRECTION

DYNAMICS

ENERGY

EQUATIONS

FORCES

GALAXIES

GALILEO

GRAVITY

INERTIA

KEPLER

KINETIC

LAWS

LIGHT

LIQUIDS

MACHINERY

MASS

MATH

MECHANICS

MOMENTUM

NEWTONIAN

PARTICLES

PHYSICS

POSITION

PROJECTILE

RELATIVITY

SPEED

STUDY

TECHNOLOGY

THEORY

TIME

VELOCITY

WORK

```
L R Y P H Y S I C S C H B F
I W O R K D I R E C T I O N
Q I S N O I T A U Q E R D L
U S N G D E E P S L C Z I A
I E V A Y O H W I E H S E W
D L K L I G H T S V N C S S
S C E I R N C P C M O I Y C
H I P L Y E O A U S L N T I
A T L E J S L T S V O A I M
I R E O I C N A W I G H V A
T A R T U E M I T E Y C A N
R P I L M M A C H I N E R Y
E O U O X M A T H U V M G D
N S M O T A G A L A X I E S
I S T U D Y V E L O C I T Y
A C I T E N I K E N E R G Y
```

Solution on Page 360

ABALONE

ALGAE

BACTERIA

BALEEN

CAVIAR

CETACEAN

CLAMS

COPEPODS

CORAL

CRAB

DETRITUS

DIATOMS

DIVER

DOLPHIN

EEL

EGGS

HUMPBACK

KRILL

MARLIN

MOLLUSK

NARWHAL

NAUTILUS

OCTOPUS

OYSTERS

PORPOISE

SALMON

SCALLOPS

SEA LIONS

SEA OTTER

SEAWEED

SHARK

SHRIMP

SPONGES

SQUID

STARFISH

STURGEON

SUBMARINE

SWORDFISH

TUNA

```
D I U Q S F G C R A B S N E
A D E E W A E S I O P R O P
S E A O T T E R S H M A M K
E E N I R A M B U S I I L R
G G U L L A A A P I R V A A
N G T I R C K B O F H A S H
O S O L T E C A T D S C N S
P N I E C T A L C R O L O M
S N R O K A B O O O Y A E O
C I R R L C P N L W S H G L
A A I G L E M E G S T W R L
L L A A P A U D I V E R U U
L E M O C N H S I F R A T S
O S D E T R I T U S S N S K
P S U L I T U A N E E L A B
S M O T A I D O L P H I N N
```

Solution on Page 361

APARTMENTS

BOARD

BUILDING

BYLAWS

CITY

COMMUNITY

COMPLEX

CONDO

DWELLING

ELEVATOR

FACILITIES

FEES

FLAT

FLORIDA

HALLWAYS

HOMEOWNERS

HOUSING

LANDLORD

LEASE

LEGAL

LOFT

MORTGAGE

NEIGHBOR

OWNERSHIP

POOL

PROPERTY

RENTAL

RESIDENT

SELL

STRUCTURE

TENANT

TIME SHARE

TOWNHOUSE

UNITS

VIEW

Condominium

```
J L E G A L X E L P M O C H
U N I T S A T N A N E T W S
B T A R O T A V E L E N E E
E U A P F N R B G S C E I L
G Y I L A E L U E O O D V L
A N T L F R E I C P M I Z O
G H I I D Q T S S T M S W O
T A I L C I S M R O U F S P
R L D B L O N O E W N R N R
O L I I O E N G N N I A E O
M W C S R A W D W H T H I P
L A N D L O R D O O Y S G E
F Y E S A E L D E U L E H R
M S W A L Y B F M S O M B T
P I H S R E N W O E F I O Y
O V G N I S U O H B T T R S
```

Solution on Page 361

ASTEROID

BLACK HOLE

CELESTIAL

COMET

CONSTELLATION

COPERNICUS

EMPTINESS

INTERSTELLAR

KEPLER

LAUNCH

LIGHT SPEED

LIGHT YEAR

METEOR

MILKY WAY

MOON

NOVA

OBSERVATORY

ORBIT

PLANETARIUM

QUASAR

REFRACTOR

SOLAR FLARES

SOLAR WIND

SPACE

SUNSPOTS

TELESCOPE

UFO

VACUUM

VIEWFINDER

WHITE DWARF

Look at the Stars

```
R L I G H T Y E A R D F S V
Y R O T C A R F E R R R T A
T E L E S C O P E D A A O C
U D E E P S T H G I L W P U
E L O H K C A L B O L D S U
S C S C V A V O N R E E N M
E O O N L I R V G E T T U I
M M L U O R E D T T S I S L
P E A A A R S W V S R H S K
T T R L R I B K F A E W P Y
I E W D U F O I T I T D A W
N O I T A L L E T S N O C A
E R N O O M N A A H I D E Y
S D D Q U A S A R E L P E K
S S C O L A I T S E L E C R
N C O P E R N I C U S U R F
```

Solution on Page 361

APPLIANCES

AUTOMOTIVE

BEDDING

BUSINESS

CATALOG

CHAIN

CHICAGO

CLOTHING

CRAFTSMAN

CREDIT

DEPARTMENT

FURNITURE

HARDWARE

HOUSEWARES

JEWELRY

KENMORE

KMART

LAWN MOWER

MAIL ORDER

MALLS

MOWERS

OLD

PAINT

REPAIR

RETAILER

ROEBUCK

SALES

SERVICE

SHOPPING

STORES

SUPPLIES

TOOLS

TOWER

TOYS

WISHBOOK

```
T R A M K E R U T I N R U F
N T J C O R E L I A T E R R
B O S H O P P I N G S D R O
G Y S I B S G T I D E R C E
O S E C H R N S F P H O T B
L E N A S E I E A E O L O U
A C I G I W H R P C U I W C
T N S O W O T O A I S A E K
A A U T O M O T I V E M R B
C I B L E N L S N R W A A E
H L D N F W C U T E A L W D
A P T R I A P E R S R L D D
I P S E I L P P U S E S R I
N A S O H C R A F T S M A N
J E W E L R Y S A L E S H G
S L O O T E R O M N E K D N
```

Solution on Page 361

ABITA SPRINGS

ADDIS

ATHERTON

BALDWIN

BLOOMSBURG

BRIDGE CITY

CANAAN

CARENCRO

DANVILLE

FORDOCHE

FRIERSON

GRAFTON

HEMPSTEAD

IDAHO

LYLE

MILFORD

PORT FOURCHON

PORTOLA VALLEY

SAUGERTIES

SILVER CITY

SOLDOTNA

STONEWALL

UNIONTOWN

WASHINGTON

WESTMINSTER

WILSON CREEK

WOODSIDE

278

```
Y P F S A U G E R T I E S T
T E O S B L O O M S B U R G
I V L R I U N I O N T O W N
C Y E L T A N T O D L O S O
E H H W A F E O Z G L G W T
G E C E S V O D T Q Y I G G
D M O S P S A U I R L D R N
I P D T R I N L R S E A A I
R S R M I L Z O O C D H F H
B T O I N V I N S T H O T S
A E F N G E C T K R R O O A
L A L S S R N Y D A E O N W
D D I T E C A N A A N I P Q
W D M E K I C A R E N C R O
I I K R S T O N E W A L L F
N S N A E Y E L L I V N A D
```

Solution on Page 362

AL DENTE	RAVIOLI
ALFREDO	RESTAURANT
ANTIPASTO	RICOTTA
ARTICHOKES	SAUCES
BELL PEPPERS	SAUSAGE
BOLOGNESE	SPAGHETTI
ESPRESSO	TIRAMISU
GELATO	TOMATO SAUCE
GNOCCHI	TORTELLINI
HERBS	TRADITIONAL
LASAGNA	VARIATION
MINESTRONE	VEAL
MOZZARELLA	
OLIVE OIL	
OREGANO	
PANINI	
PESTO	
PIZZA	
POLENTA	
POTATOES	

```
E G A S U A S E O T A T O P P
P E S E N G O L O B R A G G
A A T N E L O P S A A N T E
N O O O T S E P D L O T I L
I L M R R B L I F C B I R A
N I A T A T T R C E H P A T
I V T S I I E H L T A A M O
T E O E O D I L N I L S I R
T O S N O V P A L L D T S E
E I A I K E R O E I E O U G
H L U M P U I R U S N K W A
G S C P A V A R I A T I O N
A B E T A Z E S P R E S S O
P R S R Z A N G A S A L K B
S E K O H C I T R A Z Z I P
R H M A T T O C I R V E A L
```

Solution on Page 362

APPRENTICE	KNIVES
APRON	LINE COOK
BAKE	MEAT
BURN	MENU
CATERING	ORDER
COOKING	OVEN
CREATE	PANTRY
CUISINE	PASTRY
CULINARY	PLATING
DESSERT	POT
DINNER	PREPARE
DISHES	PROFESSION
EXECUTIVE	RESTAURANT
FOOD	SALAD
FRENCH	SKILLED
GRILL	SOUS
HAT	SPECIAL
HEAD	TRAINING
HOTELS	UNIFORM
KITCHENS	

Professional Chef

```
S P E C I A L X H G S O U S
Y R T N A P R O N N Y F K G
Y R T S A P E L L I R G B T
S O R D E R N V E K A B O M
K I T C H E N S E O N P V M
I T R F A N I R V O I W E T
L E E L T T D E I C L N N M
L E S I U I Y S T B U R N R
E R S N N C S T U G C G P C
D A E E I E E A C N R C L S
I P D C F F V U E I E U A M
S E L O O R I R X N A I T B
H R R O R E N A E I T S I O
E P D K M N K N K A E I N E
S A L A D C A T E R I N G H
S L E T O H M E A T H E A D
```

Solution on Page 362

ASTEROIDS

ASTRONAUTS

ATMOSPHERE

COLONY

EXPANSION

EXPENSIVE

EXPLORATION

FUTURE

GALAXY

GREENHOUSE

HABITATION

HUMANS

JUPITER

LUNAR OUTPOST

MARS

MOON

RADIATION

ROCKETS

SETTLEMENT

SOLAR ENERGY

SOLAR SYSTEM

SPACE PROGRAM

SPACE STATION

SPACESHIP

TECHNOLOGY

TRANSPORTATION

VENUS

WATER

Space Colonization

```
A K D N O I T A R O L P X E
T E X P E N S I V E U T X W
M R E T I P U J S S N P M W
O M A G F U T U R E A A T V
S E R N K A O A M N R S E N
P T O G S H M E S G O N O O
H S C E N P L I O L U I T I
E Y K E D T O R A S T N E T
R S E L T N P R D A P O C A
E R T E O E E I T M O I H T
G A S O C N O S I A S T N I
A L M A E R E T A W T A O B
L O P R E C O L O N Y I L A
A S G T A H U M A N S D O H
X Y S P A C E S H I P A G N
Y A S T R O N A U T S R Y G
```

Solution on Page 362

AIRCRAFT

ANT FARM

ASSEMBLY

BALLS

BARBIE

BLOCKS

BRATZ

DOLLS

FIGURES

FRISBEE

GAME

HOT WHEELS

HULA HOOP

JACKS

KEN

LEGO

MARBLES

NERF

POGO STICK

PUZZLE

STUFFED

TEDDY BEAR

TINKERTOY

TOY CARS

TRUCKS

WEBKINZ

WHISTLES

```
F N X D O L L S A A S N B Z
R I Y Z G D L N U I E Z F U
I S R Y D L W Y A R R N O G
S E R L A A N T F A R M N J
B L A B S E R U G I F S W P
E B E M T O Y C A R S T H V
E R B E R N K K Z C B U I K
L A Y S H E C N X R L F S F
Z M D S F W I X L A O F T S
Z D D A M K T F H F C E L K
U K E N B J S O X T K D E C
P S T E A B O M H D S V S U
N S W C R P G F L H E W C R
U P K A B Y O T R E K N I T
M S T T I C P O T J G T T N
B Z N F E M A G B F X O N I
```

Solution on Page 363

AEOLUS	HESPERA
APOLLO	HIPPONA
APPIAS	ITALUS
ARES	JANUS
ARTEMIS	JUPITER
ATHENA	LAVERNA
AURORA	LIBERA
AUSTER	LUCIFER
BOREAS	MARS
CINXIA	MORS
CUBA	NEPTUNE
CURTIUS	NOTUS
EOS	PAX
ERIS	SATURN
FAUNS	SOL
FERENTINA	TRIVIA
FLORA	VENUS
FORTUNA	VESTA
HECATE	VIRTUS
HERCULES	ZEPHYR

```
B S K L L A V E R N A A O X
J X A R O R U A R E S I R A
O A J S U T R I V I A X E B
U P N U N E P T U N E N T U
E Z S U P M S U L A T I S C
T E I R S I J R E F I C U L
A P P I A S T A S S A R A L
C H K N E M E E O U T A P A
E Y N E R G A L R I T R E R
H R R H O V A N U T R O F E
M I U I B R O S A C L L N B
S E T P E L E N N U R F Y I
R F A P L U E O S U N E V L
O G S O A H V E S T A H H N
M E P N T L U W W H V F P H
H A X A F E R E N T I N A U
```

Solution on Page 363

AGES

AMERICAN

ANCIENT

ART

BOOKS

CIVIL WAR

CLASS

COUNTRIES

CULTURE

ERA

EVENTS

GOVERNMENT

HISTORIANS

KINGS

KNOWLEDGE

LEARNING

LESSONS

MILITARY

MODERN

MUSEUM

NARRATIVE

NATIONAL

OLD

PAST

PEOPLE

PERIODS

POLITICS

PREHISTORY

RECORD

RELIGION

REVOLUTION

SCHOOL

STORIES

STUDY

TIME

WARS

WESTERN

WORLD

```
P E O P L E L A N O I T A N
B R S T G O L D R O C E R A
O U N C N O I T U L O V E R
O T O T I E V E N T S J L R
K L S N N T M U E S U M I A
S U S E R A I N Y P O H G T
G C E I A W G L R D Q I I I
N I L C E D M E O E U S O V
I V N N L P H Y S P V T N E
K I N A C I R E M A P O S W
C L A S S A S M Y S E R G E
I W R T T C O U N T R I E S
N A O I H D T I M E I A R T
W R L O E G D E L W O N K E
Y I O R J G W O R L D S R R
M L N X S T O R I E S A G N
```

Solution on Page 363

AFGHAN HOUND

AIREDALE

ALASKAN HUSKY

BASSET HOUND

BLOODHOUND

BOSTON TERRIER

BULL TERRIER

CHOW

COCKER SPANIEL

CORGI

DACHSHUND

FOX TERRIER

GREAT DANE

IRISH SETTER

JACK RUSSELL

MALTESE

MUTT

NEWFOUNDLAND

PEKINGESE

POINTER

POMERANIAN

POODLE

PUG

SCHNAUZER

SHIH TZU

ST BERNARD

TERRIERS

```
J G L L E S S U R K C A J Q
S R E I R R E T X O F A B K
R E Z U A N H C S G W O H C
B A L A S K A N H U S K Y E
G T E S E T L A M T R B S D
N D N A L D N U O F W E N B
D A C H S H U N D P G U U L
P N K I O J T Q O N O L I O
O E H U X E P M I H L G G O
O L N E R O E K T T U M R D
D D M R I R E E E P M N O H
L E I N A P S R E K C O C O
E E T N P S R S H I H T Z U
R E I W A I R E D A L E Q N
R A O B E S T B E R N A R D
N K B R E T T E S H S I R I
```

Solution on Page 363

ATOMS	NUCLEAR
CALCULUS	PARTICLES
CONCEPTS	PHENOMENA
EINSTEIN	PHYSICAL
ELECTRON	QUANTUM
ENERGY	QUARKS
EXPERIMENT	RELATIVITY
FORMULA	RESEARCH
GAS	SCIENTIST
GRAVITY	SPEED
LAWS	STUDY
LIGHT	TECHNOLOGY
MAGNETISM	THEORY
MASS	UNIVERSE
MATTER	VELOCITY
MECHANICS	
MOMENTUM	
MOTION	
NATURE	
NEWTON	

```
E S R E V I N U C L E A R W
M U D C X T H E O R Y M D R
A L I G H T Y T I C O L E V
S U X P A R T I C L E S E S
S C I E N T I S T U D Y P K
N L P Y T I V A R G A S S R
O A H G S C I N A H C E M A
T C E M A T T E R U T A N U
W I N H C R A E S E R K S Q
E S O Y G O L O N H C E T U
N Y M S I T E N G A M I P A
E H E X P E R I M E N T E N
R P N I E T S N I E S R C T
G L A W S E L E C T R O N U
Y N O I T O M U T N E M O M
S M O T A F O R M U L A C E
```

Solution on Page 364

ACCOUNTANT

ASSISTANTS

BLOCKBUSTER

BOMB

BOOM OPERATOR

BOX OFFICE

CARPENTER

CRITICS

DEADLINES

DOLLY GRIPS

DOUBLES

EXTRAS

FLOOR RUNNER

HAIRDRESSER

KEY GRIPS

LEADS

MEETINGS

OSCAR

PLOT

PROPS

RELEASE DATE

SCHEDULES

SCRIPT

STORYBOARD

STUDIO MANAGER

STUNTMAN

SUPPORTING

TECHNICIANS

```
A Y R B D R A O B Y R O T S
S R E O B O X O F F I C E E
S E N M E T C S A R T X E N
I T N B Q A S C C T O L P I
S N U X G R T A C E S B Q L
T E R D N E U R O C P L S D
A P R O I P N E U H I O C A
N R O L T O T L N N R C H E
T A O L R M M E T I G K E D
S C L Y O O A A A C Y B D O
C T F G P O N S N I E U U U
I P P R P B E E T A K S L B
T I R I U Y R D M N G T E L
I R O P S L E A D S M E S E
R C P S G N I T E E M R R S
C S S R E S S E R D R I A H
```

Solution on Page 364

ALLEN GINSBERG

ARTHUR RIMBAUD

CARL SANDBURG

CLEMENT MOORE

CONRAD AIKEN

DYLAN THOMAS

EDMUND SPENSER

EE CUMMINGS

GARCIA LORCA

GERTRUDE STEIN

HART CRANE

HENRIK IBSEN

HERMANN HESSE

HOMER

HORACE

OVID

ROBERT FROST

ROBERT LOWELL

SHAKESPEARE

SYLVIA PLATH

TS ELIOT

VIRGIL

```
O G L E E H N V I R G I L D
N R L S R R E M O H R S U H
X E E Y A S S R N E U A T E
G B W L E G B O E D B M J R
A S O V P N I B K M D O T M
R N L I S I K E I U N H O A
C I T A E M I R A N A T I N
I G R P K M R T D D S N L N
A N E L A U N F A S L A E H
L E B A H C E R R P R L S E
O L O T S E H O N E A Y T S
R L R H T E L S O N C D I S
C A D I V O M T C S P X T E
A Q E R O O M T N E M E L C
N N I E T S E D U R T R E G
H A R T C R A N E C A R O H
```

Solution on Page 364

AESTHETIC	LAWN MOWER
BASEBALL	MOWING
BERMUDA	PARKS
CARE	PESTICIDE
CUT	PLANTING
DIRT	SEEDS
EDGE	SERVICE
FERTILIZER	SHRUBS
FLOWERS	SOIL
FOOTBALL	SPRINKLER
GARDENS	SUMMER
GOLF	TENNIS
GRASSES	TREES
GREEN	TRIM
GROW	TURF
HOME	WATERING
HOUSE	WEED
INSECTS	YARD
IRRIGATE	
LANDSCAPE	

```
Y H L Y S G Z B T H B F K Y
U G O L V R A G R O W L E O
P W R M A S E R I U Y O B N
H E I A E B S W D S S W E T
H D S B S T T E O E F E R F
K P A T C S H O E M N R M E
Y L Q E I V E R O D N S U R
L A S Q N C T S D F S W D T
I N R S P R I N K L E R A I
I T S D O L C D W O R S C L
G I R R I G A T E G V K U I
G N I R E T A W I M I R T Z
R G I R H L A N D S C A P E
E G A W S H R U B S E P D R
E C L I O S I N N E T G Q L
N C S U M M E R W E E D K A
```

Solution on Page 364

BRIDGES

BRUSHING

CAVITIES

CHAIR

CLEANING

CROWNS

DECAY

DENTIST

DENTURES

DIAGNOSIS

DISEASES

DOCTOR

DRILLS

EXTRACTION

FEAR

FILLINGS

FLOSSING

FLUORIDE

GINGIVITIS

GUM

HEALTH

HYGIENISTS

MEDICINE

MOLAR

ORAL

PAIN

PATIENT

PLAQUE

PREVENTION

ROOT CANAL

SEDATION

SPIT

SURGERY

TOOTHACHE

TREATMENT

```
T H T L A E H R M Y A C E D
S U R G E R Y O U T L Y D I
I S L S O M G O G R P A I N
T N S T N O I T N E V E R P
N W C P D P E C I A S H O O
E O A L I A N A S T E C U O
D R V A S T I N S M R A L I
C C I Q E I S A O E U H F W
N H T U A E T L L N T T D C
O A I E S N S I F T N O R L
I I E Z E T Z J V J E O I E
T R S I S O N G A I D T L A
A R A E F I L L I N G S L N
D F E X T R A C T I O N S I
E N I C I D E M O L A R I N
S E G D I R B R U S H I N G
```

Solution on Page 365

AISLE

BRIDAL PARTY

BRIDESMAIDS

CANDLES

CHAPEL

CITY HALL

COUPLE

DRESSES

ENGAGEMENT

EVENT

EXPENSIVE

FAMILY

FATHER

FLOWER GIRLS

GOWN

HONEYMOON

INVITATIONS

KISS

LAW

MAID OF HONOR

MATRIMONY

MINISTER

PHOTOGRAPHS

PRIEST

RECEPTION

REHEARSAL

RINGS

TUXEDO

VEIL

VIDEO

VOWS

WEDDING CAKE

WEDDING DRESS

```
M R E C E P T I O N W O G Y
P A B S L R I G R E W O L F
R B T R E E V I S N E P X E
I R L R I S L C A N D L E S
E I A E I D S I O E D I V W
S D W H P M A E E R I N G S
T E E T H A O L R V N V X W
N S D A O T P N P D G I L M
E M D F T U C O Y A D T L I
M A I D O F H O N O R A A N
E I N C G A A M D D E T H I
G D G E R M P Y A E S I Y S
A S C V A I E E I X S O T T
G W A E P L L N S U I N I E
N O K N H Y O O L T K S C R
E V E T S R E H E A R S A L
```

Solution on Page 365

ADVERTISE

BOUTIQUE

BUSINESS

BUYERS

BUYING

CHECKOUT

CLOTHING

COMMERCE

CONSUMERS

CREDIT

CUSTOMERS

DELIVERY

DEPARTMENT

DISCOUNT

DISPLAYS

GOODS

ITEMS

KIOSK

MAIL

MALL

MANAGER

MARKETING

MONEY

OUTLETS

PRICING

PRODUCTS

PROFIT

PURCHASES

SALES

SELLING

SERVICE

SHOPPING

STORES

WHOLESALER

```
S E L L I N G N I P P O H S
P R O F I T N U O C S I D T
D U Y R E V I L E D E M B E
D E S E S A H C R U P O U L
R C P C U S T O M E R S Y T
S R M A K M O N E Y W W E U
G E A V R E L S C W H W R O
N M R Q S T C U D O R P S P
I M K V E I M M L Z H Y B R
Y O E S I T R E V D A O E I
U C T T S C S R N L U G W C
B R I O A A E S P T A K A I
L E N R L B U S I N E S S N
L D G E E R I Q A S D O O G
A I R S S D U M A I L I U L
M T A C H E C K O U T K Q S
```

Solution on Page 365

BAR	PADLOCK
BICYCLE	PASSWORD
CLOSED	PICKING
CYLINDER	PINLOCK
DEADBOLT	PREVENT
DEVICE	PRIVACY
DOOR LOCKS	PROTECT
ELECTRONIC	RFID
ENTRY	SAFETY
FASTENING	SECRET
GUARD	SECURITY
KEYCARD	STEEL
KEYCODE	THIEF
LOCKSMITH	TUMBLER
LUGGAGE	TURN
MAGNETIC	VAULT
MASTER	YALE
MECHANICAL	
METAL	
OPEN	

```
L E E T S Y V E M A S T E R
Q N C C P A D L O C K C I F
D T M A G N E T I C E E R I
O R R E D N I L Y C Y T E D
O Y C L H T I M S K C O L K
R C G K C O L N I P A R B E
L A C I N A H C E M R P M Y
O V G U D Y N R U T D D U C
C I N O R T C E L E S R T O
K R I T O I T L O B D A E D
S P K E W R N C U P E U F E
A V C R S U E Y X G E G K S
F A I C S C V C B R G N Y O
E U P E A E E I M E T A L L
T L M S P S R B A R L U G C
Y T H I E F P E D E V I C E
```

Solution on Page 365

ADOBE

BITS

BLUEPRINTS

BUNGALOW

CEILING FAN

CLEANUP

CONTRACTOR

COUNTERTOP

DRYWALL

DUCTS

FLOOR PLAN

FLOORING

FRAMING

GROUT

HAND TOOLS

INTERIORS

LATHE

LINOLEUM

LOG CABIN

PATCHING

PHILLIPS

PIPE CUTTER

PLASTER

PRIMER

SEWER

SHEETROCK

SIDING

SILICONE

STRAIGHT EDGE

TAPING

VENTILATION

WRENCH

```
S S L O O T D N A H P F B P
P R E T T U C E P I P L E U L
O B G N I M A R F O B P N I
I S I D I N G R O O O T G N
R C V T E R J R D T U S A O
E E L E S T P A R O T F L L
T G M E N L H E R C G Y O E
N N S I A T T G U N Q S W U
I I I N R N I D I L H H R M
P R L T U P U L C A B E E L
L O I O G N I P A T R E W L
A O C W R E N C H T H T E A
S L O G C A B I N T I R S W
T F N C O N T R A C T O R Y
E O E P H I L L I P S C N R
R G N I H C T A P A P A B K S D
```

Solution on Page 366

ANTIWAR

BAY OF PIGS

BERLIN WALL

BOB DYLAN

BREZHNEV

CHARLES MANSON

CIVIL RIGHTS

COUNTERCULTURE

DRUG CULTURE

EASY RIDER

ECOLOGY

HAIGHT ASHBURY

HIPPIES

LBJ

MALCOLM X

MOD

NIXON

ROBERT KENNEDY

ROCK AND ROLL

SAN FRANCISCO

SONNY AND CHER

THE AVENGERS

THE BEACH BOYS

TIE DYE

TIMOTHY LEARY

```
R L U S R E G N E V A E H T
O L L A W N I L R E B A C U
B O B D Y L A N C X I I N S
E R T A B W I O M G V O M O
R D I J C X L L H I S O T N
T N E N O O O T L N D H S N
K A D N G C A R A R E E G Y
E K Y Y L S I M U B A Z I A
N C E A H G S G E S K X P N
N O M B H E C A Y B E Z F D
E R U T L U C R E T N U O C
D R S R L H I P P I E S Y H
Y U A T B D R A W I T N A E
Y H U O E V E N H Z E R B R
C R Y R A E L Y H T O M I T
E S A N F R A N C I S C O P
```

Solution on Page 366

ASTRONOMY

BIKING

BIRD FEEDING

BIRDING

CAMPING

COMIC BOOKS

COOKING

CROCHET

DOLL MAKING

DRAWING

EMBROIDERY

GARDENING

GENEALOGY

HIKING

KITE FLYING

MODEL BUILDING

PAINTING

POETRY

READING

SCRAPBOOKING

STAINED GLASS

TRAVELING

WOOD CARVING

WOODWORKING

```
Y Y G O L A E N E G W W E X
J X N G Y M O N O R T S A Q
I N I N R E A D I N G T F H
C W N I N O C G N I W A R D
A O E D K I T E F L Y I N G
M O D E L B U I L D I N G N
P D R E C H G Y G Y T E N I
I C A F O I N Y N R E D I K
N A G D M K I R I E H G K R
G R N R I I D T T D C L A O
A V I I C N R E N I O A M W
I I K B B G I O I O R S L D
G N I K O O B P A R C S L O
A G B D O E A U P B K G O O
Z G N I K O O C X M C K D W
D I T B S G N I L E V A R T
```

Solution on Page 366

ACCENT	LED
ARTIFICIAL	LIGHT BULB
BRIGHT	NATURAL
BULBS	NEON
CANDLES	NIGHT
CEILING	OUTDOOR
DARK	RECESSED
DAYLIGHT	SCONCE
DIM	SEE
ELECTRICAL	SHADOW
FILAMENT	SHOW
FIXTURE	SOLAR
FLOODLIGHT	SPOTLIGHT
FLOOR LAMP	STAGE
GLOW	SUN
HALOGEN	SWITCH
ILLUMINATE	TRACK
INDOOR	VIEW
LAMPS	WATT
LANTERN	WIRING

```
E C N O C S H A D O W L L S
W R S F C A N D L E S Z A B
O E U P L V I E W P L G R L
L T H T M O R O O D N I U U
G A Z C X A O T D I M N T B
L N T L T I L D R E B O A J
P I E H A I F I L A M E N T
O M G G G I W E E I D N N H
K U A H A I C S G T G T R A
C L T L T T R I Y H D H E L
A L N D R B S B F G Y G T O
R I E I O O U C E I L I N G
T C C N K O O L C L T N A E
K A C R U D R L B Y U R L N
L R A L O S E E F A T T A W
U D R E C E S S E D W O H S
```

Solution on Page 366

AIR

ANIMALS

ATMOSPHERE

COAL

COPPER

DEPLETION

EARTH

ECOLOGY

ECOSYSTEMS

ENERGY

FISH

FORESTS

FOSSIL

FUEL

GAS

GOLD

GREEN

IRON

LAKES

LAND

LIMITED

MANAGEMENT

MINERALS

MINING

NATURE

OCEANS

PETROLEUM

PROTECTION

RAIN FOREST

RENEWABLE

RIVERS

ROCKS

SILVER

SOIL

SOLAR

SUNLIGHT

WATER

WIND

WOOD

Natural Resources

```
D E T I M I L Q G O L D U M
O C R B T S E R O F N I A R
C O P P E R E G P S D N A L
E L B A W E N E R E A R T H
I O E U N I T E F G H S I F
B G G C N R V S E P T N P A
N Y O I O I M M K S K A R Q
S A M L R S E D E C F T O S
L T E R I N Y R I A O U T O
A U H A T M O S P H E R E I
M W E G X F C Y T F Z E C L
I A N O I T E L P E D G T S
N T E W W L A K E S M A I O
A E R O M I N E R A L S O L
T R G O H S S U D N I W N A
V G Y D J F O S S I L V E R
```

Solution on Page 367

ACCOMPANIMENT

ANDANTE

CHORUS

CLEF

CONCERT MASTER

CRESCENDO

DEVELOPMENT

DISSONANCE

ETUDE

FALSETTO

FERMATA

FINALE

FLAMENCO

FORTE

HARMONY

INSTRUMENTAL

INTERVAL

KEY SIGNATURE

LARGO

MARCHING BAND

MEASURE

ORCHESTRAL

QUARTET

QUINTET

RAP

RECITAL

REGGAE

RHYTHM

ROCK

TIME SIGNATURE

TREBLE

TUTEE

```
R M E T R O F L A M E N C O
E E R U T A N G I S E M I T
C A T L K C O R E L B E R T
I S E S M C F I N A L E I E
T U T U A O L N F R K H O S
A R R R R M A T D T E K D L
L E A O C P T E E S Y E N A
R Y U H H A N R V E S C E F
E N Q C I N E V E H I N C E
G O Q E N I M A L C G A S R
G M U T G M U L O R N N E M
A R I U B E R E P O A O R A
E A N D A N T E M G T S C T
D H T E N T S T E R U S R A
C L E F D R N U N A R I A M
M H T Y H R I T T L E D P L
```

Solution on Page 367

BURNT RIVER

CAMP

CHIMNEY ROCK

CORRIDOR

DEVILS GATE

DUNG

FORT BOISE

FORT HALL

FORT LARAMIE

FORT VANCOUVER

FREMONT

GREAT PLAINS

HORSE

INDIANS

KANSAS

LONE PINE TREE

MIGRATE

MISSOURI RIVER

MOUNTAIN MEN

OREGON TRAIL

OXEN

PACK

PLATTE RIVER

PRAIRIE

RED BUTTES

SCOTTS BLUFF

SOLITARY TREE

```
F F U L B S T T O C S L N Q
E O L L A H T R O F I F J R
T R R N E X O R S A R O P E
A T R T G D R E R E C R L V
G B E B V I T T M H A T A I
S O V E D A N O I R M L T R
L I I O R O N M G E P A T T
I S R G G T N C S D A R E N
V E I E N E Y R O B C A R R
E M R R Y K O R I U K M I U
D O U R A H J T A T V I V B
G L O N E P I N E T R E E D
C C S P R A I R I E I J R U
K A S I N D I A N S Y L A N
S N I A L P T A E R G Q O G
B U M O U N T A I N M E N S
```

Solution on Page 367

ASSONANCE

BALLAD

BEAUTIFUL

BOOKS

CLASSIC

COLLECTION

COUPLET

DRAMA

EPIC

FEELINGS

FREE VERSE

HAIKU

IAMBIC

LANGUAGE

LIMERICK

LINES

LITERATURE

LOVE

LYRICS

MEANING

METER

ODES

POETS

PROSE

READING

RHYMING

RHYTHM

ROMANCE

SIMILE

SONNET

STANZAS

STORY

TEXT

THOUGHTS

TONE

VERSES

WHITMAN

WORDS

WRITING

```
H R E E S O R P O E T S N E
S E N I L I M E R I C K U P
P T O S E C N A M O R W W I
W E T C O B A L L A D R R C
F M E I F D E L I M I S I S
S E S R E V E E R F S B T T
P A E Y U C E S S T M E I O
R S S L T T G T H A C A N R
W S K I I E A G I S L U G Y
R O O M K N U R O F A T N L
H N O T Z O G N E E S I I D
Y A B A H U N S V T S F M R
T N S T K E A O V J I U Y A
H C X I T E L P U O C L H M
M E A N I N G N I D A E R A
T H S D R O W H I T M A N E
```

Solution on Page 367

Answers

Blooming

Wildlife

```
P P K W Y V U E U V F H X R
W O P M X O I F D D O O F E
H W M I L K I N G E C C O D
O D H E A L T H Y H G Q C D
L E I G N I T S E V R A H U
E R U N A M A E R C E C I C
F A R M E R S C Y E H W P H
G N I S S E C O R P G R A S
C L V F R T X A T C O W S W
A S A A E T M L S D H A T B
T T A M F U N A U E R U U A
T A N V I B M C D G I C R R
L O F C E N T T N N K N E N
E G L W H S A O I E L S B L
F A C T O R Y S T R U G O Y
C U R D S L D E M M I K S E
```

Dairy

```
C R G B A H A T R E D F S S
A W E L T I X Q R O T O W X
B T P L E F W I D E R O B L
H S I D I E S B Y R U R U J
G U T E A E E V O L S S O S
G L Y V D L F W J Y T U S H
F Z D P U I G Y H J W O S A
N M I A T N E T N O C V E M
O E S N V G A E X N F R N E
I T G I P P R I A P S E D G
T H U C M P F X R E G N A A
A G S E E I J N Y E G X S R
L I T K Y H T A P M Y S Y H
E R U S A E L P R I D E V F
J F E I R G V L O N G I N G
P A C Z E S T R U H O P E H
```

Emotional

Tradesman

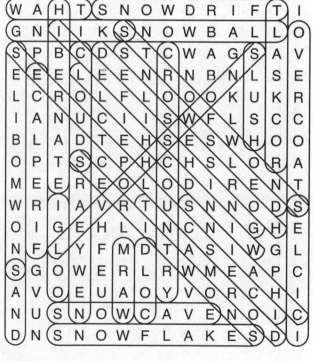

Westerns

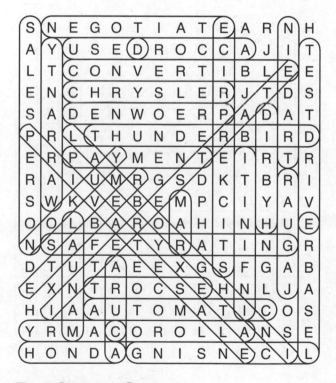

Buying a Car

Wintry

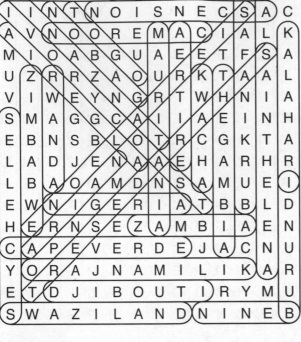

Africa

Lady Gaga

```
A I B I M A N A W S T O B Z
I I N T N O I S N E C S A C
A V N O O R E M A C I A L K
M I O A B G U A E E T F S A
U Z R R Z A O U R K T A A L
V I W E Y N G R T W H N I A
S M A G G C A I I A E I N H
E B N S B L O T R C G K T A
L A D J E N A A E H A R H R
L B A O A M D N S A M U E I
E W N I G E R I A T B B L D
H E R N S E Z A M B I A E N
C A P E V E R D E J A C N U
Y O R A J N A M I L I K A R
E T D J I B O U T I R Y M U
S W A Z I L A N D N I N E B
```

```
Z T S I T R A L U P O P R T
N A I C I S U M T V J Y O E
A O U T R A G E O U S O M M
M V I D E O S A S A E U N A
O P R H A I R T T M H T C F
W S E E S A D D Y E T G E H
Y C O G G A L R L R O N E T
T T E N N F E E I L I C E
A R I C G I I S J C C C L
M N E R A W M S T A R N E
O A N C B F R R P N N A N P
N W A O N E R I O O O D T E
S A P N D O L E T F P C R H
T R Y A N A C E K E R Q I O
E D C I S U M K C O R E C N
R S U P I Z Z A R A P A P E
```

```
I M R T R A N S M I T A L K
S R U A S T A T I O N S Q P
H E F S I M U L C A S T N Q
O N S R I N T E R N E T S B
R I L E C A E O T D N A B
T T G R A Q V S P E P A T C
W S N R U I U H H N U U E N
A I A V E I D E O N R D L E
V L L C R F P I N A C I L T
E O E I D E T J E C Q E I W
S R S E V A W R I A Y N T O
R O U E L N O I T P E C E R
Q A N U Z V V R T O W E R K
A P D A M F E L B A C C F S
R O Y I I C H A N N E L I C
M A R G O R P U B L I C Z L
```

Radio Broadcasting

```
L N H G N U T E S T O A M Y
I R A O X G N O D N A H S H
A G E P N I M E Z G N A I J
O O S V R G A N S U C R N G
N B A H I E K N K R H W A N
I D I A H N E I N D U H C I
N E H U N U A H E G D U F I
G S C Y O U I N G R Y A F J
Q Z S H A N G H A I N N G N
Y E L L O W S E A O A N O L
P R E S I D E N T T S U C I
Q T H A N D Y N A S T Y H E
M I N G S N O O H P Y T H H
I X N A A H S G N A H C D H
H A I N A N B E I J I N G M
```

Chinese

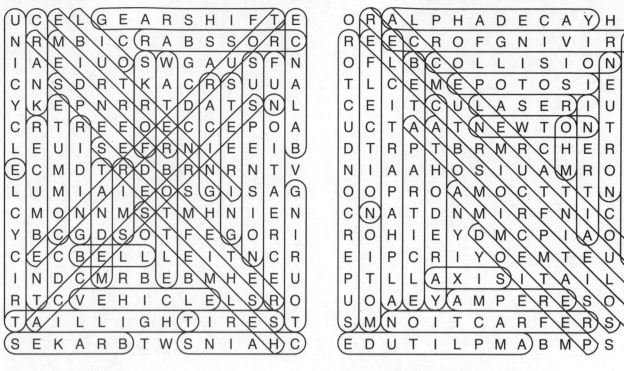

Ride a Bike

Physical Science

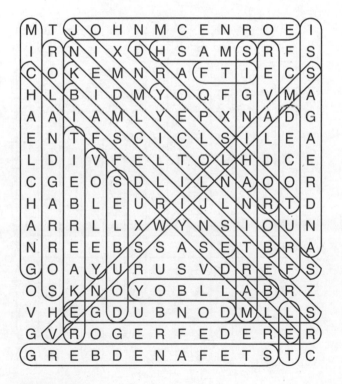

Tennis

Contract Bridge

```
S K I N N E R U S A E L P H
F A C E M T D E R I M D A O
K G M Y R E R U T L U C G T
A O L A O U E Y P P C G I P
W M N A T U R E E E O N R E
M A S A M T T C R R M I L C
O A E I E O R H F C P N U N
D F G M R O U A E E L A F O
E A M A L A S R C P E E I C
L Y E O Z H H A T T X M T L
S H C D I I R C I U I E U A
X C E O I G N T O A O V A S
E C N A G E L E N L N O E S
B E H O L D E R S P A L B I
G P R E T T Y T S E T N O C
L O O K S K H P E R S O N Q
```

Beautiful

```
A R S K E C I R P M U X F R
P I C T U R E A S E P I I C
O D R O L L C P S T E E H S
S T E M Y K E O N E R B X T
T E A L A L P S G R F G U I
M L S G I I O T I J O N S C
A K E C I V L C S V R I P K
R O K X C Q E A E G A L I C
K O E Y C A V R D U T I M C
O B T V S E N D Y F E A A Q
T S O C I M E S O Z D M L J
A D D R E S S R E T T E L P
H D K N Y L E T A L I H P I
R T T B G V L H O B B Y F Q
M P A P E R D O D X N L V C
U T Y R T N U O C A I V Y A
```

Stamp It

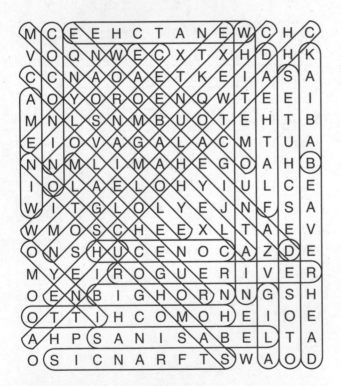

```
M C E E H C T A N E W C H C
V O Q N W E C X T X H D H K
C C N A O A E T K E I A S A
A O Y O R O E N Q W T E E I
M N L S N M B U O T E H T B
E I O V A G A L A C M T U A
N N M L I M A H E G O A H B
I O L A E L O H Y I U L C E
W I T G L O L Y E J N F S A
W M O S C H E E X L T A E V
O N S H U C E N O C A Z D E
M Y E I R O G U E R I V E R
O E N B I G H O R N N G S H
O T T I H C O M O H E I O E
A H P S A N I S A B E L T A
O S I C N A R F T S W A O D
```

National Forests

```
R T E R U T R A P E D Y D E
A D E E P S R I A Y A E L C
G S C J I T A R B W R A B N
N I O K D N D C N A N U T A
A T N R E A A U F I S C L N
H U N E N R R R M I X A L E
M R E T T U I R N S R L B T
E B C E I A E E W E A Y B R
C O T M F T S N I N Y B O I
H P I I I S A T N A M U Y A
A R O T C E T E D L A T E M
N O N L A R S B O P C T V L
I P A A T A E S W R H O N I
C S D E I C I N G I I N O A
S Z T R O P R I A A N F C T
C A B I N S E G A R E V E B
```

Air Travel

Speaking of Wine

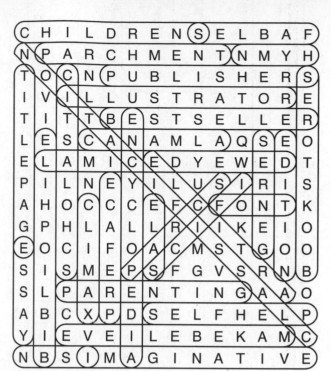

Bookworms

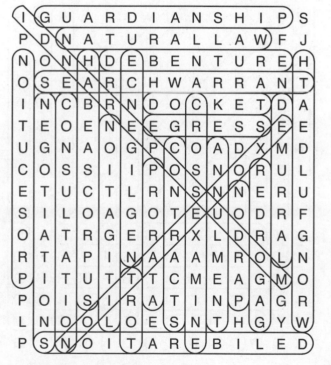

Lawyer Talk

Finding Nemo

Apartment Living

Coffee Varieties

Handyman

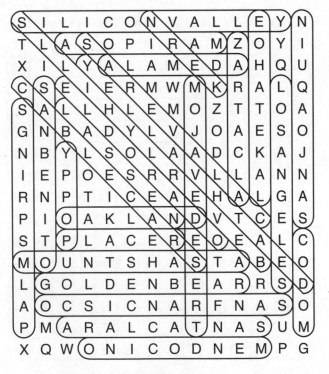

The Golden State

334

Antiques

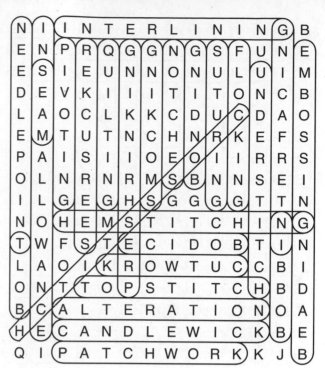

Sewing

Campbell's Soup

Earth Science

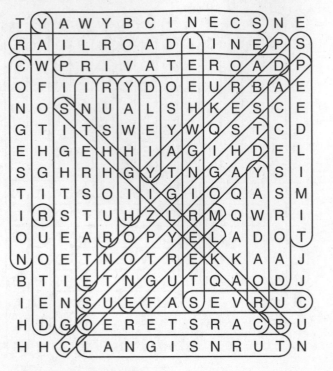

On the Road

```
T Y A W Y B C I N E C S N E
R A I L R O A D L I N E P S
C W P R I V A T E R O A D P
O F I I R Y D O E U R B A E
N O S N U A L S H K E S C E
G T I T S W E Y W Q S T C D
E H G E H H I A G I H D E L
S G H R H G Y T N G A Y S I
T I T S O I G I O Q A S M M
I R U S T U H Z L R M Q W R I
O U E A R O P Y E L A D O T
N O E T N O T R E K K A A J
B T I E T N G U T Q A O D J
I E N S U E F A S E V R U C
H D G O E R E T S R A C B U
H H C L A N G I S N R U T N
```

Careers

```
M S T A X I D R I V E R L L
J H N A I C I T U A E B F A
T P H O T O G R A P H E R W
Q T G R I P B A K E R F R Y
T S C O N T R A C T O R A E
R I N T D O C T O R T R U R
U G I I L M M U E R A T D Y
C O A D W E I S R E R S D E
K L T E D T T W I T T I I K
D O P H A R M A C I S T O C
O M A P A I N T E R I N L O
R I S C N E S R U N W N E O J
I G B U T C H E R I I G C
V E Z C I N A H C E M C I S
E E R S
R S N A I T I T E I D S S I
R E E N I G N E N I A R T D
```

Textiles

```
C I R B A F E L T H E M P R
X R D Y E S P I N N I N G J
M A O A L P A C A N O N M S
I N L C G N I R O L I A T G
L G R F H L G T Y H T Y E N
L O X E Y E T N T E A J X I
K R O R T O T O R R C F T V
L A C W C T L I N E N A U A
I A I I H C A H N D G S R E
S L H R T L E P U G I H E W
L R E T S E Y L O P S I G M
H A E C A S H M E R E O N I
D L K B T Y R T S U D N I N
K O G N I T T I N K G P W E
W O V E N F G R A Y O N E D
C M J S X E D N A P S Y S J
```

Philosophical

```
D P Y R A T I O N A L I S M
R E G G E D I E H P A O B J
S C H A X R A M G H U N B J
T O E R I Y P S S I T C W S
R N G S G R I N L C E I C I
U C E U T O A L O O E K T S
C E L M E L G A I S L C T S
T P H E N O M E N O L O G Y
U T P N T E A D I P E L E H
R A L T I H T I P H T N N P
A O A O A T I H O E N H S A
L S T N L G S C G R I O T E
I A O K I V M U S I P J E M
S E H C S Z T E I N L J I M
M R K S M S I L I H I N N N
N Y G O L O M E T S I P E N
```

336

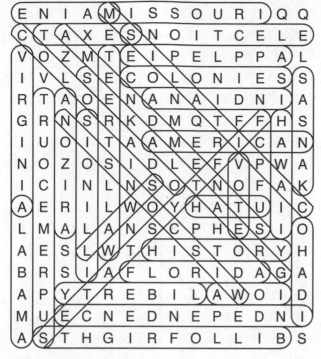

All American

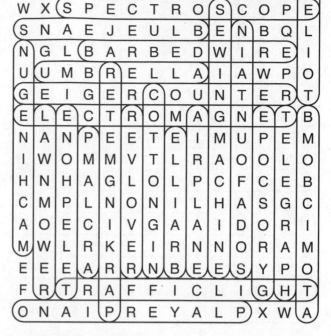

Inventions

Best Buy

Coloring

At the Library

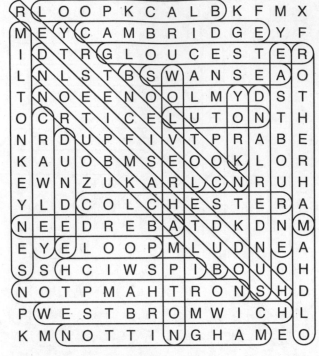

English Cities

Financial Investment

Wood

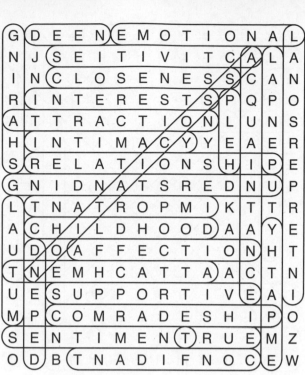

Friendly

```
G D E E N E M O T I O N A L L
N J S E I T I V I T C A L A N
I N C L O S E N E S S C A N O
R I N T E R E S T S P Q P N S R
A A T T R A C T I O N L U N S R
H I N T I M A C Y Y Y E A E R
S R E L A T I O N S H I P I P E
G N I D N A T S R E D N U P R
L T N A T R O P M I K T T R E
A C H I L D H O O D A A Y E T
U D O A F F E C T I O N H N
T N E M H C A T T A A C T N I
U E S U P P O R T I V E A N I
M P C O M R A D E S H I P O Z
S E N T I M E N T R U E M Z
O D B T N A D I F N O C E W
```

Side Dish

```
E H C N U L N O I T R O P X
T C U A S T A R C H C D V H
B S I K P C L C A R R O T S
R E N S R O P O T A T O E S E
A E I R R L E B D I N N E R
A E N V E G E T A B L E S V
D R E S S I N G I W Y E M I
S G L T T S C D O Z G E O N
L A E M A O C B O A E B O G
W S U E U L L O B O S R R N
S N P R R L P B U A F O H I
O A S P A R A G U S L C S F
U E T M N C S C N L C C U F
P B S S T R E S S E D M U U
S D A L A S Q U A S H L U T
O O S I S P I H C F R I E S
```

Galileo Galilei

```
T G E N I U S T E N A L P T
M A T H S R A T S I S K Y R
U G G E O C E N T R I C L O
L H M C X P J M W H P C Z R
U N B Y H P O S O L I H P B
D I S C O V E R Y O Z U Y I
N G E O M E T R Y Q N R M T
E K I N E M A T I C S C O E
P S S C I S Y H P M Y H N L
C E N O I T U L O V E R O E
I I E M H I S T O R Y N R S
T R A P S C I E N T I S T C
E O R A F S U N S P O T S O
R E T S N A I L A T I K A P
E H H S C O E L I L A G R E
H T B J U P I T E R O M A N
```

Baseball

```
D R T E S A B N E L O T S D
I E A U T O G R A P H S A N
A H H L I N E D R I V E V K
M C L L A B W E R C S Q E R
O T R G R A N D S L A M Z A
N A M E S A B T S R I F D P
D C P I D A S P I T B A L L
N A M E S A B D N O C E S L
C A R E D L E I F T U O Q A
H W M P S R E H C A E L B B
A A M A J O R L E A G U E V
N Y D O U B L E P L A Y F R
G T H O M E T E A M B N L R
E E Z H T N U O C L L U F U
U A F S N O I S S E C N O C
P M V E T A L P E M O H T D
```

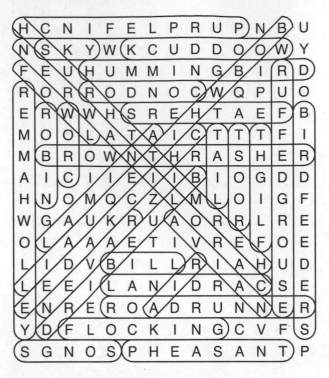

For the Birds

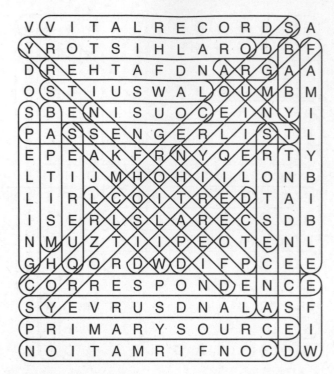

Genealogy

Here's Some Water

```
O G L Y P A R E H T E I D R
R Y C A H E R B A L I S M O
D G G H U T N E M T A E R T
S R N O I T A T I D E M G C
S E I A L N I P K K Y H N O
E N T R G O E R O N I T I D
N E S E N E B S I E E A L F
L C A M T W V R E P M P A K
L I F E S T Y L E T S O E R
E T A D U S T A I H S R H O
W S D I S E A S E R U C W
A I N E O S T E O P A T H Y
T L I S A D E V R U Y A R D
E O M S U P P L E M E N T O
R H Y P N O S I S Y O G A B
V M A S S A G E P L A N T S
```

Alternative Medicine

340

Going to the Mall

```
T E E N A G E R S K R E L C
B A T H R O O M C E X I T B
E S C A L A T O R S Y C A M
C S E C N A R A E L C B O B
P O N O I S E E D R Y E R B U
E F M W T N M S I S E D A S Y
T W S P R R U W T E G A N Y
S W T S U U F O C D R N G R
T G R R O T R R A A A E E
O I O O C E E B R C H M J N
R F L O D R P R D R C O U O
E T L D O O F T S A F R L I
Y W E R O T S Y O T S P I T
J R R V F R B O R R O W U A
C A S H R E G I S T E R S T
J P V P I N C E N T I V E S
```

Target Corporation

```
W K Y E N I L N O T S Y O T
S S E C C U S H I Y R F G V
D R N I A H C D S L A E D F
O Y S V I M E Y E S L L U B
O P T R A R R W C E W R D S
F R O E C L E A R A N C E A
T O R S I J U A H I W R P L
N D E O L R P E T P A G A E
U U S N G P A U R W T N R S
O C P A A O R V E M O I T H
C T H S I E L S L O S H M O
S S E N I S U B I N E T P P
I D A B O O K S A E N O P I
D O L C H E A P T Y N L T I
R O T U L L A M E R I C A N
M G H Y R E C O R G M J Z G
```

Make a Sandwich

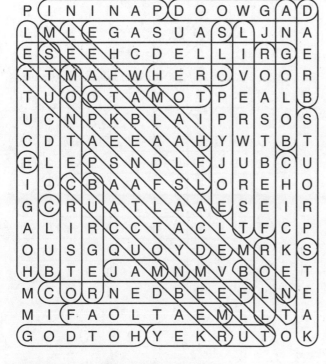

```
P I N I N A P D O O W G A D
L M L E G A S U A S L J N A
E S E E H C D E L L I R G E
T T M A F W H E R O V O O R
T U O O T A M O T P E A L B
U C N P K B L A I P R S O T
C D T A E E A A H Y W T B U
E L E P S N D L F J U B C H
I O C B A A F S L O R E H O
G C R U A T L A A E S E I R
A L I R C C T A C L T F C P
O U S G Q U O Y D E M R K S
H B T E J A M N M V B O E T
M C O R N E D B E E F L N E
M I F A O L T A E M L L T A
G O D T O H Y E K R U T O K
```

Construction

```
C A R P E N T E R S U N C G
F R A M E P S P R G S G N E
S C W M S R K K E N E I E R
R H O V C O Y C E I D S M A
E I O N I P S I N D A E G A
K T D A T E C R I L R D N A
R E T N S R R B G I T J E N
O C N O I T A D N U O F R A
W T E I G Y P C E B C E I M
H C M T O T E L T R Z R A L
O E P U L E R D A O I E L A
U J I C B F N N D N R C S Y
S O U E K A E L S L N T T L
E R Q X L S L E E T S I O E
S P E E R U T C U R T S N D
W Z L A B O R E R S I T E G
```

```
L K C I T S N O N Q R Z S A
A A F E N O C I L I S S L Q
T P D P I E P A N C A U I C
E P C L X R O K H U M X S I M
M C A K E P A N C I Q S N I
J V S E R A W E N O T S E A
Z N S Q Y X P U A O T Q T R
Y A E C P A M E P S E S U E
H P R V N Z K B F S F E B C
T G O S O O I U A A L L B O
T N L K R H T N O L O D O P
W I E I I R C D L G N D W P
K Y F L T F H T O B W I L E
A R R L S M E P U O M R S R
A T F K E A F N A K D F G D T
P P S T C K G N I T S A O R
```

Cookware

```
H O B B I E S Y A L P B X Y
R E L A X M O N O P O L Y T
V A P E O P L E O W R S H R
Y I M U S I C A L O E U Y E
S D D Z P Y T I V I T C A C
C E E E B P N Q L D H R G N
I M L M O G E S H I G I A O
M S E A O R M T A V U C M C
O I I G K C E U S E A L B I
C N S D S R S A N R L O L N
S G U R T H U F D S F W I E
P E R A R O M U H I U N N M
O R E C R E A T I O N S G A
R H E N J O Y M E N T G B Q
T D A N C E I V O M L I F M
S T O R Y A R E P O I D A R
```

Entertainment

Pinball

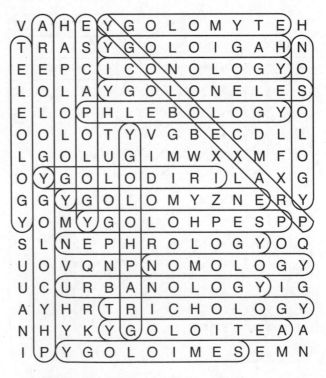

Fields of Study

342

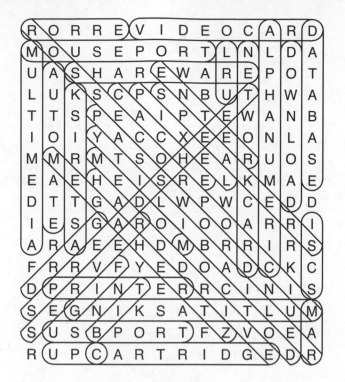

Computer Lingo

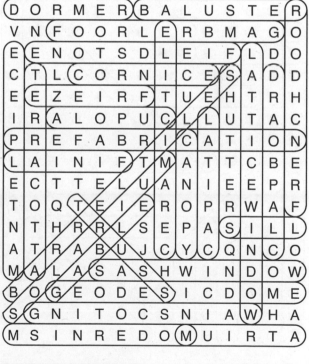

Benjamin Franklin

Movie Stars

Architecture

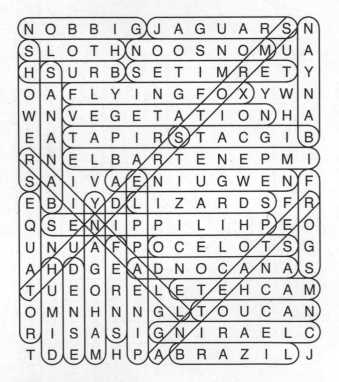

Journalism

```
P S O U R C E D I T I N G Z
R T R E N D S A S R I D N C
E V E N T S I I A N A W I L
S N D L C E L D T E N D T B
S C I H E A C E L E F K I L
M T O Z N V R M W C A Q R O
V O O R A V I S P I C H W G
L G U R I G P S R N T A D E
B O N E Y A A A I F S U U X
J S W I P P R M N O I D E I
Q E Z E T A O T T R N I D M
H U R M W R B C I M M E I T
T S A C D A O R B C U N T G
U S N O I N I P O N L C O R
R I O O N L I N E H O E R Y
T W H M R E S E A R C H S V
```

Bond Movies

```
G I N I T R A M O V I E S C
U I I D F L E M I N G I P N
N E K A H S I T I R B O I S
S C M L I F S V C A S J E N
G C H T H T N E G A L I S L
R O M O O N R A K E R R O G
L C S N E M O W S K I A O M
O E E Y E N E D L O G L H O
H W Q E R U T N E V D A F C
C A R S F U G B O F N N O T
Y O S N I A L L I V O O N P
M O N E Y P E N N Y B I I U
D N V N H R G A D G E T S S
K R V E E E Y Z J E M C A S
O D R M R R R U S S I A C S
A O D Y S S Y S G X R K D Y
```

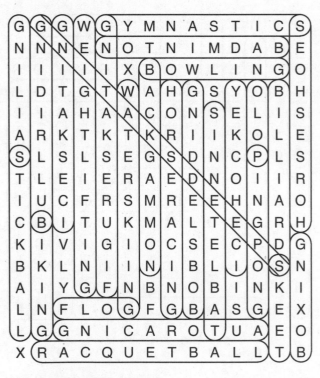

The Jungle

```
N O B B I G J A G U A R S N
S L O T H N O O S N O M U A
H S U R B S E T I M R E T Y
O A F L Y I N G F O X Y W N
W N V E G E T A T I O N H A
E A T A P I R S T A C G I B
R N E L B A R T E N E P M I
S A I V A E N I U G W E N F
E B I Y D L I Z A R D S F R
Q S E N I P P I L I H P E O
U N U A F P O C E L O T S G
A H D G E A D N O C A N A S
T U E O R E L E T E H C A M
O M N H N N G L T O U C A N
R I S A S I G N I R A E L C
T D E M H P A B R A Z I L J
```

Sports World

```
G G G W G Y M N A S T I C S
N N N E N O T N I M D A B E
I I I I X B O W L I N G O
L D T G T W A H G S Y O B H
I I A H A A C O N S E L I S
A R K T K T K R I I K O L E
S L S L S E G S D N C P I R
T L E I E R A E D N O I I O
I U C F R S M R E E H N A H
C B I T U K M A L T E G D G
K I V I G I O C S E C P D N
B K L N I I N I B L I O S I
A I Y G F N B N O B I N K X
L N F L O G F G B A S G E O
L G G N I C A R O T U A E O
X R A C Q U E T B A L L T B
```

Paul McCartney

Chimpanzees

Sci-Fi

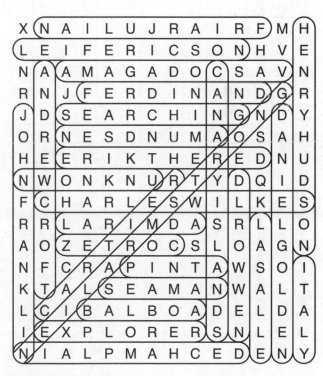

Exploring

Turtle Life

Western Culture

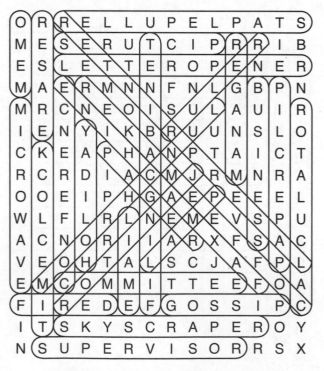

Caterpillar

Around the Office

346

Furniture

```
Q S D R A W I N G T A B L E
D I P M A L G N I D A E R L
R E C E P T I O N D E S K I
A G E D S E N X C D M F S F
O E R I S O H A E F I O L A
B P I C C O T T R B L G O C
L E O T L A R D E A H F A I
I R T N I C R E T L T T B T
C I I E O A E B A B B I E T
N L R C N N H R B U E N D R
U O C H A I S E L O N G U E
O U S E L H O P E D C C M V
C S E S U C M P K O H H A P
E R U T I N R U F N W A L O
S T R A I G H T C H A I R U
E L B A T G N I T F A R D F
```

Symphony

```
D R U M S T I C K B U S H O
S I A R R A N G E M E N T G
Y D O L E M M O B E R L I N
K M G R E B U R C O S E P O
D U N F O O R C H M S I P B
P R R B I U D H O O A B I F
E D O G C R S E R U B S N L
R L H O L N A T L H L E A U
C T C G E E B R V P B K R G
U T N A S B R A Y I U C M E
S E E T T Z A T L E O O L H
I K R A A V S I U C D N O R
O Q F N O T S O B E H G I N
N I L O I V D N O C E S C N
V M U S L A C I S S A L C M
```

College Teams

```
W O L V E R I N E S E A Q P
Q O R E D I G G E R S G R D
C R U S A D E R S E S G A G
S O J D S U O H R T O I M R
R Y S E N D S A E A V E S I
A A R P O K R W K E N S K Z
G L U M I V E K A T M R C Z
U S M J L Z H E M N I O E L
O O R R Y C C Y R A D D N I
C M E A N G R E E N S A R E
S T N I A S A S L S H S E S
F I G H T I N G I R I S H T
S R E L T T A B O E P A T A
P A T R I O T S B G M B A C
S E M I N O L E S I E M E M
C T B S E P O L E T N A L A
```

Domesticated Animals

```
W D M T L C K V Q I D F B Z
Y X C A U G O O S E C M L P
J J N H S I F D L O G T S O
I G X D T A F Q C A D B T Q
G C E E O N F K H A F U A H
U L A E D N A I A S N F C Q
I Z C B S T K H N Y X A U K
N K A Y I E S E P C M F R B
E B P E D G K S Y E H N F Y
A T L N Y C R Y L S L O E E
P L A O I R E E D N I E R K
I J S H T U A S T A O G R R
G W C O I I M B U S D I E U
I Z R R S W A N B O M P T O
G E T S T B L O V I M A T N
S H E E P E L E P E T X H N
```

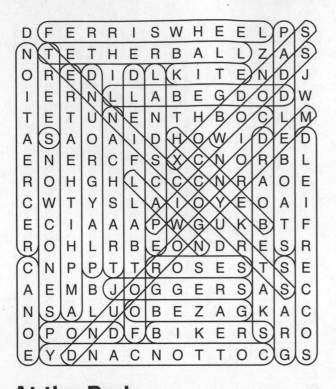

```
D F E R R I S W H E E L P S
N T E T H E R B A L L Z A S
O R E D I D L K I T E N D J
I E R N L L A B E G D O D W
T E T U N E N T H B O C L M
A S A O A I D H O W I D E D
E N E R C F S X C N O R B L
R O H G H L C C C N R A O E
C W T Y S L A I O Y E O A I
E C I A A P W G U K B T F
R O H L R B E O N D R E S R
C A N P P T T R O S E S T S E
A E M B J O G G E R S A S C
N S A L U O B E Z A G K A C
O P O N D F B I K E R S R O
E Y D N A C N O T T O C G S
```

At the Park

```
T N I L F Q E T I N A R G J
N Z C O A L U L I S S O F A
E N O T S D N A S I D E E D
M K E T I C A D R L E T L E
I G N E O U S K S T I I A N
D I A M O N D C I S Z D H O
E M U D S T O N E T P I S T
S L A T E R A D V O E B T S
R C P R I S N O O N P R T E
G H H A A A B L L E E U O M
A A Y B O S A O C G T T N I
B L L O I P U M A N I M A L
B K L D L I M I N E R A L S
R M I I U I S T I I O G I L
O A T U F F T E C S I M T U
N E E E L B B E P S D A E H
```

Rock Types

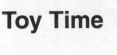

```
S E I K L A T E I K L A W V
K E R E C T O R S E T S N T
K C R B E P O R P M U J N R
J C A U O E L E G O S P E A
D L U R G A B B F D M Y V M
T T I D T I R S W E U L P O
E I E N R E F D I L R L A L
S N P P C E C N G R D A K I
M K O L P O B A O A F B N
R E C Y L U L B R I M R B Y
O R S A O A P N U L T E Y
W T O X J Y B Z L R R C S
W O R R A D N A W O B C A
O Y C N E M Y M R A G O E
L S I P R E T E N D S S P
G Z M P O G O S T I C K I P
```

Toy Time

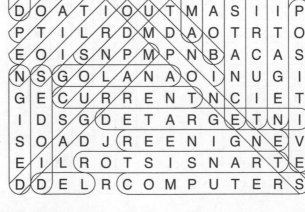

```
W I R E S C H E M A T I C S
L E L L A R A P S C Y A I L
A S N W W G X U O E P C G A
T H R Y R A B N D A R H O N
I Y I O R S N N C O E I L G
G D U E T E O I T D S P E I
I N W R C C T C P R I C V S
D O A T I O U T M A S I R P
P T I L R D M D A O T A I O
E O I S N P M P N B A C A S
N S G O L A N A O I N U G I
G E C U R R E N T N C I E T
I D S G D E T A R G E T N I
S O A D J R E E N I G N E V
E I L R O T S I S N A R T E
D D E L R C O M P U T E R S
```

Electronic Circuits

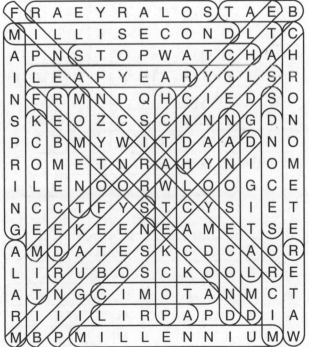

Automobiles

Great Smoky Mountains

It's Time

Maize

Kindergarten

Weather

Computer Software

United Nations

350

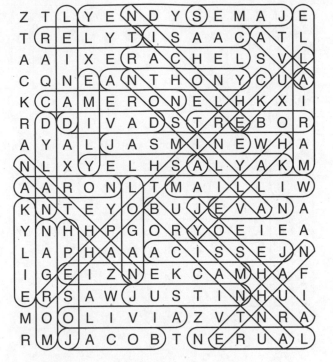

Popular Names

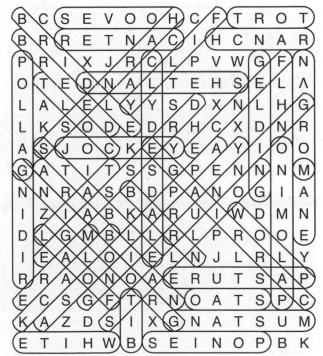

Iced Tea

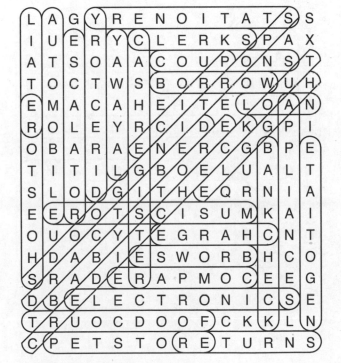

Shopping Spree

Horses

```
X W G M S T O R A G E L O P
S P A C E S R F A N X L L N
E P A I N T B R N I V A O Y
D R A Y K C A B G T S M C S
I E E L Q G R L N T N S K L
S T R W E G N U I O M S E L
T L U O O E N C N P H E D A
U E T R M M T I E O O I K W
O H C K J R N S D U B L H T
Y S U S E A E W R L B P U O
M K R H S F M O A V I P K O
T O T O U Y P O G L E U I L
E O S P O I I D K C S S B S
G H C E H D U E V I N Y L P
L J P E P H Q N F O O R T E
B B I K E S E V L E H S L M
```

Shed

```
E M S C O I L E D D R T P L
T A P F R E E N A D W H A O
R C O R B O U N C I N G D O
A R R A C O G H S Y T I S H
P O T M B E I T T A U L O C
E S E R G N I L L A F M S Y
Z A R O H H C T E R T S E R
E T U N O I T A E R C E R R
S S C I T S A N M Y G V S U
I Y I S A F E T Y N E T A J
C A A T U M B L I N G T U N
R L A S P R I N G S H M L I
E P G R A V I T Y L P A T E
X C I R B A F O E I N T I C
E S U C R I C T N D N U O R
L E E T S X E G N I V I D Q
```

Trampolines

```
D D S E M A G C I L E A G G
C N A S G I J T P O U N D Y
E A I S E L A T O R E H E O
L L N W P K M E Z E U H M S
T S T Y R R E K Y T N U O C
I I P S F O S C E S I R C A
C L A E A C J E A N E L R R
M L T L M C O B T I F I A W
U I R T I R Y L S E N N C I
S H I S N E C E J L N G Y L
I C C A E E E U N D I U R D
C A K C U L V M T R S K K E
O T F I W S N A H T A N O J
P E A T B O G S Y A W L A G
X E M E R A L D I S L E B C
L E P R E C H A U N K N V X
```

Irish

```
P A S T S R U A S O N I D N
A N E H A B I T A T E E O A
M O C S D E A T H R R E D M
B I O L O G Y R A E A S O U
P T L E N M E R G I C A U H
L U O V R A I N F O R E S T
A L G R T R A E P P A S I D
N O Y E Y D U T S O L I M H
T V N S N N U G R L S D S U
S E G E N E P O O L L C I N
D S U R V I V E T U I H A T
L X S P E C I E S T S A A I
V H I S T O R Y E I S A N G
H T O M M A M N C O O G R R
S C I E N C E V N N F E O Y
K D E N O G S L A M I N A B
```

Extinction

Basketball Game

Internet History

Recyclable

Hair

Model Aircraft

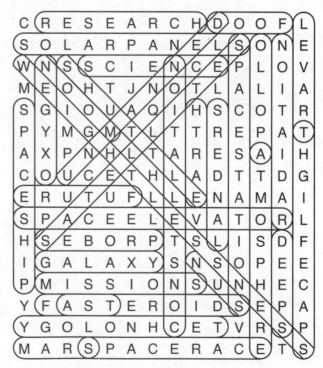

Picnic

Play a Card

Interplanetary Travel

Football

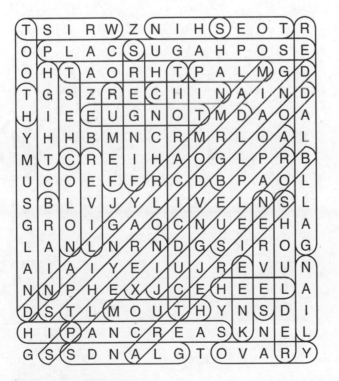

Body Parts

Last Names

Health Club

iPad

The Lion King

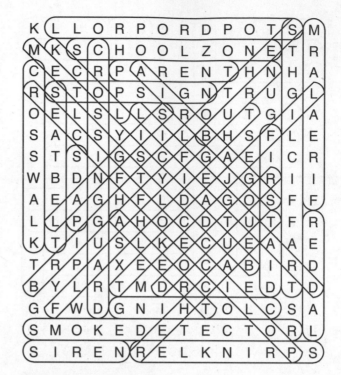

Safety First

Law

356

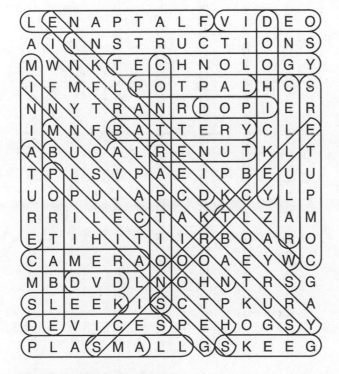

Get Some Sun

```
C G N I M M I W S A L O N H
O G N P T A H T B O O T H S
P O V I T A M I N D T C U T
P H K K H E A L T H L E V B
E S H N O T O Y G S E T R I
R K R E T M A I T S S O A K
T T O E G K L B T U N R Y I
O R L R B N A O N Z A P S N
N E O C U G B G E U R E B I
E M C S I O L R X Q S R B P
L M U N E A R I P A L E K W
K U G U S R A N O I T O L P
N S I S P F J S S Y C K L K
I N E N R U B N U S B W R F
R S S E L K C E R F Q A U P
W L G N I X A L E R D R B S
```

Tom Hanks

```
A G Q L O V E L T T A E S Y
C T U T S R A C S O T H A A
T W I M Y A P E Z R E S G R
I E B R P T R F S D R A W A
N I L O G R I E U Y M L O T
G L L E O R O R H N I P O S
C L C F V T E D B T N S D Y
O H I A A I M E U E A Y Y M
M O A T S M S O N C L F D D
E L O R N T O I V M E E I F
D L O I A E A U O I I R C I
I Y L C Z C L W S N E L P L
A W T H W P T A A C C S E M
N O D R A G N E T Y I I P A
R O T O Y S T O R Y O M N L
A D S N A Y R G E M V N M L
```

Cool Gadgets

```
L E N A P T A L F V I D E O
A I I N S T R U C T I O N S
M W N K T E C H N O L O G Y
I F M F L P O T P A L H C S
N N Y T R A N R D O P I E R
I M N F B A T T E R Y C L E
A B U O A L R E N U T K L T
T P L S V P A E I P B E U U
U O P U I A P C D K C Y L P
R R I L E C T A K T L Z A M
E T I H I T I I R B O A R O
C A M E R A O O O A E Y W C
M B D V D L N O H N T R S G
S L E E K I S C T P K U R A
D E V I C E S P E H O G S Y
P L A S M A L L G S K E E G
```

Broadway Stage

```
D R A P P O T S M O T E E T
R P D N L Y P E O W S Y M B
A O B E A L A L T I X E O N
W T D U D R U B N R E P N T
O S E N I U L I M Y R O C V
C S V O V B S C A D S J M D
L U O G E Y O U R A U C Q R
E B L I R L R R T L P I N A
O E E A O R V C I R I N C P
N T G S G U I E N I D C I E
A R A S S H N H S A E I S H
E A V S I E O T H F O P S S
G Y A I W V X T O Y T U A M
K A S M A M E L R M L K S A
I L A T U R I S T A H G S S
L R E L L I M R U H T R A A
```

Mathemagical

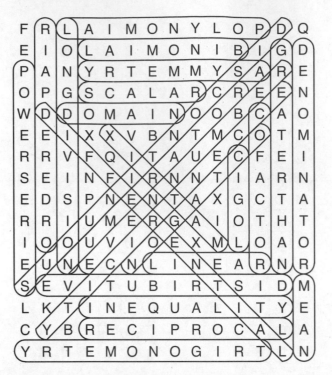

```
F R L A I M O N Y L O P D Q
E I O L A I M O N I B I G D
P A N Y R T E M M Y S A R E
O P G S C A L A R C R E E N
W D D O M A I N O O B C A O
E E I X X V B N T M C O T M
R R V F Q I T A U E C F E I
S E I N F I R N N T I A R N
E D S P N E N T A X G C T A
E R I U M E R G A I O T H T
R I O O U V I O E X M L O A
I O E U N E C N L I N E A R N
S E V I T U B I R T S I D M
L K T I N E Q U A L I T Y E
C Y B R E C I P R O C A L A
Y R T E M O N O G I R T L N
```

Hats Off

```
T O T E M L E H Z W M O D N N
L P L Z D Y G U U U E I C B
O O E G N I R E V O C B R V
G O S F T A H Y O B W O C H B
U T U R B A N Y S W Z E A O
C G J F T R D N L S P S R N
Z A Y D A D H E A D E E Z S
G U P E E H R P R B R C V T
S X C S W A G Y A B I U C R
F H R I S T N L M I Y K W A
T O O G E C L O T H I N G W
E O W N L F S E I N A E B H
R D N U Y T T O P H A T H A
E O A S T S T A V I S O R T
B W T H S V P A N A M A L U
O J P A S D F A R O D E F W
```

Paper

```
K J S R E A M E J D O O W J
N O J T E N V E L O P E G T
I A O P A P E R M I L L N B
T M U B A T A F T Z P C I O
H O R Q E P I P I R R Y T O
G N N J S T Y O S B E C N K
I E A G O R O R N W E E I S
E Y L N L E E N U E E R A G
W S S I U U P P R S R N P N
R S E G L S T F A S D Y N I
I O G A L S D R E P R W O P
T L A K E I K N A C L I B P
I G P C C T I P U L P L R A
N S G A B L E T T E R S A R
G N E P P R I N T I N G C W
N W H I T E E H S N I H T D
```

String Instruments

```
A H K R S A R U B M A T J L
N N P E A N I L O D N A M Q
M H R E H T I Z E E R R V G
Z R C S S O I K M N U U G G
S A E I M F C U A W B D B V
Q T L M R U R T G C N N V D
A I L C I T S U O C A A N C
W S O F S C C I N B T P G N
J V E N H U L E C Q A T I J
S P I O K B D U L A P S U D
Y L R O N A I P D E L K S C
A D T A L R V E B Y U T E N
I O S J H I W A R L C F T K
V V R O R O N E E M K E U G
R E B A B J Z L R Z E B L Q
Y S N G O I E E L D D I F I
```

358

Soft Drinks

```
D H S U G A R E T I L S C V
O R A N G E I C E D T E A P
W P U R Y S N R O C G P C U
S E B Y T G P E X A P O T N
R P O T E I D R R N K P I E
O S T R R N F E I E I A S V
V I T E E G V I N T T D O E
A Y L P E E P A C N E O P S
L Z E P B R U D U I A S E E
F Z D E T A N O B R A C D L
A I R P O L F S S A L G B
N F I R O E W M J U I C E B
T G N D R E D A N O M E L U
A H K R E F R E S H I N G B
W A R T S E I R O L A C B A
E N I E F F A C E P A R G T
```

Investments

```
G T S E I T I U N N A W D H
N N R U T E R F O E T A R R
I Y I E S I C R E X E L A P
K I T T K A E G K Q H H L O M
N I S I A S R N U K L S B J
A L U B D T U U I Y M T G U
B I T U V O T R T G T R I N
D A T C L I C M I Y A D E K B
A A E L S K N M F B M E E O
Y L P M O R W Z O O I T H N
T O S A R A M E X C R L T
R V O R S T E M M U L P L D
A A R K F I X E D R A T E S
D L P E N N Y S T O C K S P
E U N T E G A R T I B R A U
R E A L E S T A T E S S A T
```

On the Web

```
W D G U B R T H F Z X N Q E
D E Z O L Y H E T P E Z G Y
H T M C O N T E N T X A A V
S E M A G G M N W R P B U I
M S O C I A L O I E E L Y S
U S K N I L R E M A R T R I
R E K S M K D O C U M E N T
O G N S G S H S P L T O F I
F A C E B O O K S U I U D O
H M K N I L R E P Y H C N Q
C I R I U D G M D S K L K D
R D E S A A O H S I I W E P
A K V U P C A O W N V S W S
E F R B R O W S E R I W I G
S S E R D D A T N G W T G Y
J W S S P L A I N T E X T E
```

Drinks

```
H S C R E W D R I V E R T Z
W H I S K E Y S O U R E E B
H C Y R A M Y D O O L B T L
I I H E I N I T R A M O E U
T N A I S S U R K C A L B E
E O E N Y R E D I C P D E
R T M R O Y E Z C M K F N A
U D A A R B Z T E I F A I G
S N I M N I R T T O R S W O
S A T D F D Y U C I O H D O
I N A N A E J H O U B I E N
A I I A L E S E Z B R O L V
N G O R G I M O R A O N L O
M V I G R S H E R R Y E U D
Z H H I G H B A L L Y D M K
S C O S M O P O L I T A N A
```

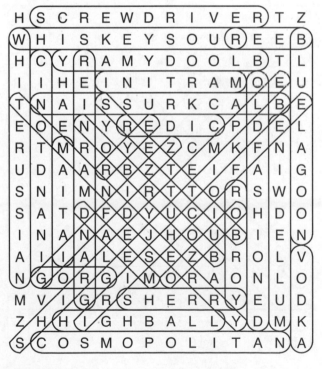

Cable Television

```
M E T I L L E T A S B C L B
O L R E T R A H C W L A A C
V I Y L L I B R T N T S M B
I N F S A E D E P I I K U N S
E E E W I V V D G C M R I S
S U E E X I Y I M T V O M M
E P S N A S D V S D B W E S
R R H O O N E O I I R T R E
V O O Z C E M R H S O E P T
I G W I I P O P L C A N S O
C R T R N X C E C O D O P M
E A I E E E N F B V C I O E
F M M V M N O W B E A T R R
A S E G A K C A P R S A T F
T B S H X O B H R Y T T S O
Z Z C O M C A S T N P S E X
```

Having a Baby

```
T S T E L P I R T P R U B S
N T P U T I P S Y O T L P R
A R E L A T I V E S A A B E
F O D A D V I C E N H U C P
N L I M E B K T K M N G E A
I A P S O E A D B H R A D I
R E T M E G T U L E A T R D
E R R R N N I E N E S E C F
D E I I D I U G L C S R Y Y
W H C A A L E T G R I N A R
O T I H N B T T R L N N D C
P O A C T I V I T I E S G P
O M N H L S G N I H T E E T
G O O G O O B E H A V I O R
P A C I F I E R B O O B O O
J S O H T O D D L E R E J N
```

States

```
A D A V E N D N A L Y R A M
A T O K A D H T U O S S N I
O I C O L O R A D O N A A S
J H N E W J E R S E Y D I S
W S A A Z E B D W N C P S O
A A K D V T E M O X P M I U
K S S C I L E S M I I N U R
S N A H A X Y I S C H S O I
A A L W I L N S H E A O L Y
R K A C H N I I N X N L O K
B R O A E S G F E N I N R C
E A T S S A Z T O N E U E U
N U O I N E W Y O R K P G T
I T M H A W A I I N N L O N
A W O I W I S C O N S I N E
M J R X X O K L A H O M A K
```

Classical Mechanics

```
L R Y P H Y S I C S C H B F
I W O R K D I R E C T I O N
Q I S N O I T A U Q E R D L
U S N G D E E P S L C Z I A
I E V A Y O H W I E H S E W
D L K L I G H T S V N C S S
S C E I R N C P C M O I Y C
H I P L Y E O A U S L N T I
A T L E J S L T S V O A I M
I R E O I C N A W I G H V A
T A R T U E M I T E Y C A N
R P I L M A C H I N E R Y
E O U O X M A T H U V M G D
N S M O T A G A L A X I E S
I S T U D Y V E L O C I T Y
A C I T E N I K E N E R G Y
```

Marine Wildlife

```
D I U Q S F G C R A B S N E
A D E E W A E S I O P R O P
S E A O T T E R S H M A M K
E E N I R A M B U S I I L R
G G U L L A A A P I R V A H
N G T I R C K B O F H A S H
O S O L T E C A T D S C N S
P N I E C T A L C R O L O M
S N R O K A B O O O Y A E O
C I R R L C P N L W S H G L
A A I G L E M E G S T W R L
L L A P A U D I V E R U U
L E M O C N H S I F R A T S
O S D E T R I T U S S N S K
P S U L I T U A N E E L A B
S M O T A I D O L P H I N N
```

Condominium

```
J L E G A L X E L P M O C H
U N I T S A T N A N E T W S
B T A R O T A V E L E N E E
E U A P F N R B G S C E I L
G Y I L A E L U E O O D V L
A N T L F R E I C P M I Z O
G H I I D Q T S S T M S W O
T A I L C I S M R O U E S P
R L D B L O N O E W N R N R
O L I I O E N G N N I A E O
M W C S R A W D W H T H I P
L A N D L O R D O O Y S G E
F Y E S A E L D E U L E H R
M S W A L Y B F M S O M B T
P I H S R E N W O E F I O Y
O V G N I S U O H B T T R S
```

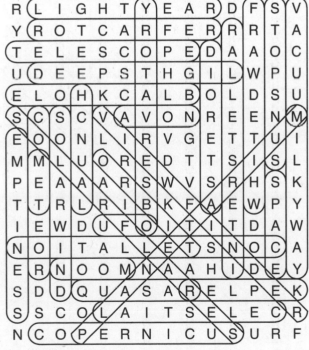

Look at the Stars

```
R L I G H T Y E A R D F S V
Y R O T C A R F E R R R T A
T E L E S C O P E D A A O C
U D E E P S T H G I L W P U
E L O H K C A L B O L D S U
S C S C V A V O N R E E N M
E O O N L I R V G E T T U I
M M L U O R E D T T S I S L
P E A A R S W V S R H S K
T T R L R I B K F A E W Y
I E W D U F O I T I T D A W
N O I T A L L E T S N O C A
E R N O O M N A A H I D E Y
S D D Q U A S A R E L P E K
S S C O L A I T S E L E C R
N C O P E R N I C U S U R F
```

Sears

```
T R A M K E R U T I N R U F
N T J C O R E L I A T E R R
B O S H O P P I N G S D R O
G Y S I B S G T I D E R C E
O S E C H R N S F P H O T B
L E N A S E I E A E O L O U
A C I G I W H R P C U I W C
T N S O W O T O A I S A E K
A A U T O M O T I V E M R B
C I B L E N L S N R W A A E
H L D N F W C U T E A L W D
A P T R I A P E R S R L D D
I P S E I L P P U S E S R I
N A S O H C R A F T S M A N
J E W E L R Y S A L E S H G
S L O O T E R O M N E K D N
```

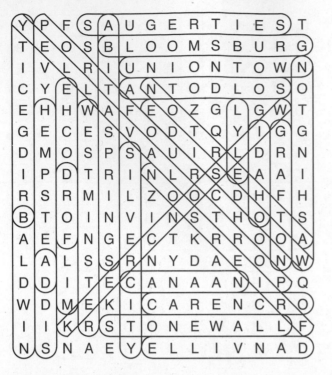

Little Towns

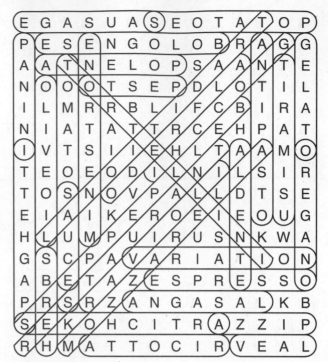

Italian Food

Professional Chef

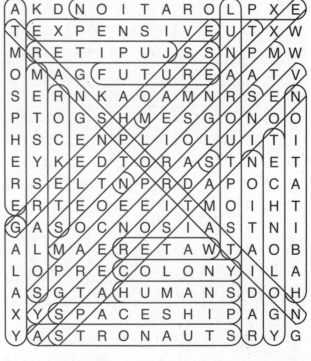

Space Colonization

362

Fun for Kids

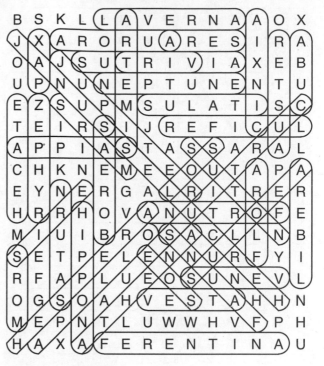

Mythology

History

Doggies

Physics Class

```
E S R E V I N U C L E A R W
M U D C X T H E O R Y M D R
A L I G H T Y T I C O L E V
S U X P A R T I C L E S E S
S C I E N T I S T U D Y P K
N L P Y T I V A R G A S S R
O A H G S C I N A H C E M A
T C E M A T T E R U T A N U
W I N H C R A E S E R K S Q
E S O Y G O L O N H C E T U
N Y M S I T E N G A M I P A
E H E X P E R I M E N T E N
R P N I E T S N I E S R C T
G L A W S E L E C T R O N U
Y N O I T O M U T N E M O M
S M O T A F O R M U L A C E
```

Movie Makers

```
A Y R B D R A O B Y R O T S
S R E O B O X O F F I C E E
I T N M E T C S A R T X E N
S N B Q A S C C T O L P I L
N U X G R E U R O C P L S D
A P R O I P N E U H I O A E
N R O L T O T L N N R C H D
T A O L R M M E T I G K E D
S C L Y O O A A C Y B D O D
C T F G P O N S N I E U U B
I P P R P B E E T A K S L L
T I R I U Y R D M N G T E E
I R O P S L E A D S M E S E
R C P S G N I T E E M R R S
C S S R E S S E R D R I A H
```

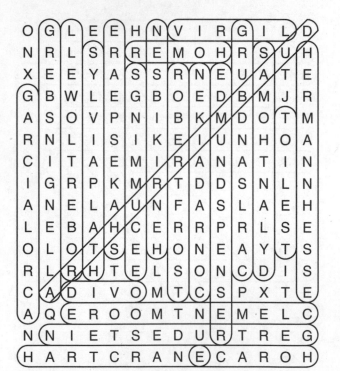

Poets

```
O G L E E H N V I R G I L D
N R L S R R E M O H R S U H
X E E Y R A S S R N E U A T E
G B W L E G B O E D B M J R
A S O V P N I B K M D O T M
R N L I S I K E I U N H O A
C I T A E M I R A N A T I N
I G R P K M R T D D S N L H
A N E L A U N F A S L A E S
L E B A H C E R R P R L S S
O L O T S E H O N E A Y T
R L R H T E L S O N C D I S
C A D I V O M T C S P X T E
A Q E R O O M T N E M E L C
N N I E T S E D U R T R E G
H A R T C R A N E C A R O H
```

Lawns

```
Y H L Y S G Z B T H B F K Y
U G O L V R A G R O W L E O
P W R M A S E R I U Y O B N T
H E I A E B S W D S S W E T
H D S B S T T E O E F E R F
K P A T C S H O E M N R M E
Y L Q E I V E R O D N S U R
L A S Q N C T S D F S W D T
I N R S P R I N K L E R A I
I T S D O L C D W O R S C L
G I R R I G A T E G V K U I
G N I R E T A W I M I R T Z
R G I R H L A N D S C A P E
E G A W S H R U B S E P D R
E C L I O S I N N E T G Q L
N C S U M M E R W E E D K A
```

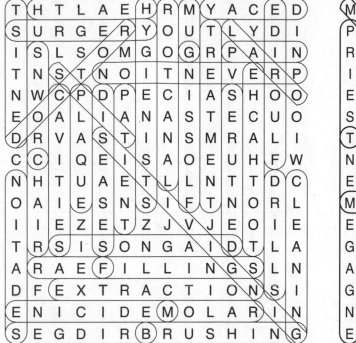

Dentistry

Getting Married

Retailing

Lock Up

New Construction

```
S S L O O T D N A H P F B P
R E T T U C E P I P L E U L
O B G N I M A R F O B P N I
I S I D I N G R O O O T G N
R C V T E R J R D T U S A O
E E L E S T P A R O T F L L
T G M E N L H E R C G Y O E
N N S I A T T G U N Q S W U
I I N R N I D I L H H R M
P R L T U P U L C A B E E L
L O I O G N I P A T R E W L
A O C W R E N C H T H T E A
S L O G C A B I N T I R S W
T F N C O N T R A C T O R Y
E O E P H I L L I P S C N R
R G N I H C T A P A B K S D
```

Remember the '60s

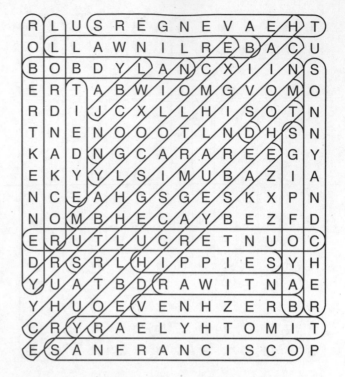

```
R L U S R E G N E V A E H T
O L L A W N I L R E B A C U
B O B D Y L A N C X I I N S
E R T A B W I O M G V O M O
R D I J C X L L H I S O T T
T N E N O O O T L N D H S N
K A D N G C A R A R E E G N
E K Y Y L S I M U B A Z I Y
N C E A H G S G E S K X P A
N O M B H E C A Y B E Z F N
E R U T L U C R E T N U O C
D R S R L H I P P I E S Y H
Y U A T B D R A W I T N A E
Y H U O E V E N H Z E R B R
C R Y R A E L Y H T O M I T
E S A N F R A N C I S C O P
```

Hobbies

```
Y Y G O L A E N E G W W E X
J X N G Y M O N O R T S A Q
I N I N R E A D I N G T F H
C W N I N O C G N I W A R D
A O E D K I T E F L Y I N G
M O D E L B U I L D I N G N
P D R E C H G Y G Y T E N I
I C A F O I N Y N R E D I K
N A G D M K I R I E H G K R
G R N R I I D T T D C L A O
A V I I C N R E N I O A M W
I I K B B G I O I O R S L D
G N I K O O B P A R C S L O
A G B D O E A U P B K G O O
Z G N I K O O C X M C K D W
D I T B S G N I L E V A R T
```

Lighting

```
E C N O C S H A D O W L L S
W R S F C A N D L E S Z A B
O E U P L V I E W P L G R U
L T H T M O R O O D N I U B
G A Z C X A O T D I M N T B
L N T L T I L D R E B O A J
P I E H A I F I L A M E N T
O M G G G I W E E I D N N H
K U A H A I C S G T G T R A
C L T L T T R I Y H D H E L
A L N D R B S B F G Y G T O
R I E I O O U C E I L I N G
T C C N K O O L C L T N A E
K A C R U D R L B Y U R L N
L R A L O S E E F A T T A W
U D R E C E S S E D W O H S
```

366

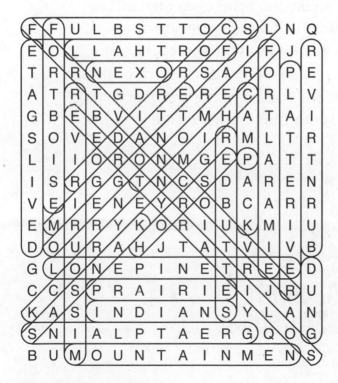

Natural Resources

Musical Words

Pioneer Life

Poetic

160 SUPER-SIZED PUZZLES!

Packed with 160 puzzles in an easy-on-the-eyes format, this collection features crosswords in a wide variety of themes, including music, popular culture, books, TV characters, animals, films—and more! Whether you're a seasoned puzzle pro or picking up your pencil for the first time, *The Everything® Jumbo Book of Large-Print Crosswords* has something for everyone to enjoy!

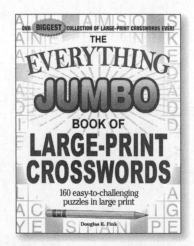

The Everything® Jumbo Book of Large-Print Crosswords
978-1-5072-0916-5

adamsmedia
An Imprint of Simon & Schuster
A CBS COMPANY